AF451285

LA IMPOSTURA DE LA NUEVA ERA

CRÓNICA DE UNA PSEUDO ESPIRITUALIDAD

SEBASTIÁN VÁZQUEZ

www.imposturanuevaera.guiaburros.es

EDITATUM

Primera Edición: mayo de 2021

ISBN: 978-84-18429-21-7

Depósito Legal: M-9743-2021

IMPRESO EN ESPAÑA/ PRINTED IN SPAIN

Si después de leer este libro, lo ha considerado como útil e interesante, le agradeceríamos que hiciera sobre él una **reseña honesta en cualquier plataforma de opinión** y nos enviara un e-mail a **opiniones@guiaburros.es** para poder, desde la editorial, enviarle **como regalo otro libro de nuestra colección.**

Sobre el autor

 **Sebastián Vázquez** ha estado vinculado al mundo del libro durante más de treinta años. Fue editor durante veinte años y director de *Arca de Sabiduría*, colección especializada en textos clásicos de las religiones y filosofías de Oriente. Ha colaborado en distintos medios de comunicación y actualmente imparte cursos y seminarios sobre el pensamiento heterodoxo y religiones, especialmente la egipcia.

Es autor de *El Tarot y los dioses egipcios; Enseñanzas de la Tradición Original; GuíaBurros: La salud emocional en tu empresa; GuíaBurros: Cómo perjudicarse a uno mismo; GuíaBurros: Budismo; GuíaBurros: Cuentos de Oriente para Occidente; GuíaBurros: La sabiduría de las grandes religiones; GuíaBurros: Espiritualidad y autoayuda y GuíaBurros: El Camino de Santiago y el juego de la oca*. Es coautor junto a Ramiro Calle de *Los 120 mejores cuentos de la tradición espiritual de Oriente* y *Los mejores cuentos de las tradiciones de Oriente* y, junto a Esther de Aragón de *Rutas Sagradas* y *GuíaBurros: Rutas por lugares míticos y sagrados de España*. Es autor de las novelas *Por qué en tu nombre* y *El karma del inspector González*.

Desde hace algunos años organiza viajes por España y otros países como parte integrante de los cursos que imparte, especialmente a Egipto para profundizar en su religión y enseñanzas desde la perspectiva de la tradición espiritual y del pensamiento esotérico. Su *blog* es: Tradicionoriginal.com

Agradecimientos

A los que aman la Verdad, especialmente a mis Amigos por saber discernir, aplicar la inteligencia y compartir.

A mi familia que son mi Verdad.

Índice

Introducción

"Cuando se deja de creer en Dios, en seguida se empieza a creer en cualquier cosa".

Chesterton

El propósito de este libro es el de clarificar ideas y conceptos en torno a la espiritualidad y el esoterismo, ideas que en la actualidad han perdido el significado que tuvieron dentro de las tradiciones religiosas y sus enseñanzas. Esta pérdida de significados y la mezcla de conceptos absolutamente alejados de las fuentes tradicionales es lo que ha abastecido el ideario popular del llamado movimiento *new age.*

Se entiende comúnmente como *new age* la unión de una serie de postulados que se refieren a un cúmulo de creencias que, sin estar plenamente unificadas, sí comparten ciertas doctrinas y planteamientos filosóficos que supuestamente tienen sus bases en el esoterismo y las religiones especialmente en las de Oriente. Y si esto alguna vez fue verdad, poco a poco esos orígenes se perdieron siendo sustituidos por una falsa espiritualidad carente de profundidad y grandeza.

El término nueva era fue tomado de la astrología al suponer que el paso de la era de Piscis a la de Acuario transcurriría en algún momento del siglo xx y llevaría aparejado unos cambios sociales vinculados a las características propias del signo acuariano. Su contexto social podemos rastrearlo en Estados Unidos durante el período de la guerra de Vietnam. La respuesta de una parte de la juventud estadounidense a este conflicto trajo vientos de libertad y de contestación a una sociedad puritana, hipócrita, clasista y belicosa. Así nació una contracultura originalmente libertaria y pacifista, la *hippie*. Esta cultura que prefirió el sexo a las armas y las flores a la guerra, tomó algo del existencialismo de sus predecesores, los *beatniks*, pero cambiaron su visión pesimista y cínica de la vida por otra más relajada.

Comenzó el interés por todo lo que venía de Oriente como el yoga o la meditación y esto se sumó al hecho de que ya muchos habían experimentado en sus propias carnes que el coste de alcanzar estados alterados de conciencia por medio del LSD y otras drogas salía muy caro en términos de salud y de cordura. A la vez y, poco a poco, se popularizó un tipo de esoterismo muy superficial que tuvo su puerta de entrada a través del tarot, el *I ching* o la astrología que quedaron reducidas a una suerte de pequeñas mancias de sencillo uso aplicables sobre todo al campo de la psicología. Y así se creó un caldo de cultivo hasta que se le introdujo el ingrediente principal que lo cambió todo y que venía de un pasado no muy lejano: el mediumnísmo. Eso sí, se le puso el nombre nuevo de "canalización" y así toda espiritualidad y esoterismo quedaron vinculados a este fenómeno.

Esóteros y espiritualidad

El término *esóteros* proviene de la escuela pitagórica y esta, a su vez, lo toma del antiguo Egipto. El esoterismo lleva una potente carga filosófica y de espiritualidad aparejadas. Este término que significa "reservado" se refiere a dos características que le eran propias: la primera es que el candidato debía expresamente solicitar la enseñanza y el segundo es que debía de guardar reserva sobre lo enseñado. Así mismo esa enseñanza era principalmente oral. Este tipo de enseñanzas reservadas fue propia también de los cultos mistéricos, desde los osiríacos y isíacos egipcios, hasta los cultos de Cibeles, Mitra o los órficos.

Este esoterismo se filtra desde Egipto como origen y, a través de Grecia y Roma se extiende por Occidente. A su vez, se impregna y mezcla con las corrientes más gnósticas de las religiones del Libro. Estas enseñanzas y su ideario toman impulso en determinadas épocas y aparece en movimientos como el hermetismo alejandrino, la astrología y alquimia árabes, la cábala hebrea, etc. En tanto las viejas religiones mistéricas desaparecen, dejan su legado en Occidente dentro de otros movimientos que se estructuraron en forma de órdenes tales como las más conocidas masonería o rosacruz. La hegemonía doctrinal, social y política del cristianismo en Europa, hace que estos movimientos preferentemente se oculten en los países cristianos, si bien también toman otra forma en los islámicos, o entre los judíos como es el caso del sufismo o de la cábala.

Pero los posos de ese conocimiento y, esto es muy importante, están en las propias bases de las religiones del Libro, independientemente de las manipulaciones que sufrieron en aras de las servidumbres políticas con las que se adaptaron en cada época. En ellas se podía, y se puede encontrar, una enseñanza espiritual de enorme profundidad.

Sin embargo, es sobre todo a partir del siglo XVIII cuando el esoterismo clásico entra en el olvido ante la aparición de elementos nuevos que modifican esencialmente el ideario tradicional. Así mismo, la decadencia moral del cristianismo en términos políticos y sobre todo sociales —no olvidemos que la Iglesia católica era y es también un estado—, hace que su espiritualidad quede en un segundo plano y relegada. Y la misma suerte corrieron todas las otras religiones tanto de Oriente como de Occidente en un lento proceso que alcanzó su cénit con el nacimiento y desarrollo de la neo religión que dio origen a la nueva era.

Los principales motivos de esta sustitución del esoterismo clásico y de la espiritualidad de las religiones tradicionales por la nueva era fueron:

1. La aparición y aceptación de la mediumnidad.
2. La puesta en valor del psiquismo y los "poderes".
3. La adulteración y mezcla de diferentes ideas de distintas religiones.
4. El añadido de diversas mentiras, engaños, manipulaciones y fantasías.

El resultado fue que para la nueva era la espiritualidad y el esoterismo pasaron a ser cosas muy diferentes a lo que tradicionalmente habían sido.

Es decir, una impostura.

Así, el origen de la NE nace sobre estas bases, si bien el momento determinante se produjo con la aparición de ciertas escuelas como la Teosófica o la Arcana cuyas enseñanzas parten de comunicaciones telepáticas con "maestros", es decir, otra forma del fenómeno mediúmnico. Las doctrinas de estas escuelas son en la actualidad el principal andamiaje de la NE y las más importantes sobre todo por la extensión y difusión de su producción literaria.

Sus idearios están formados por mezclas del hinduismo y del budismo con el espiritismo y el cristianismo, a lo que se le añadieron sus propios "descubrimientos psíquicos" junto a las doctrinas que comunicaban telepáticamente los maestros.

De este modo toda la enseñanza de estas escuelas quedó condicionada al fenómeno espiritista o a la canalización de seres "invisibles" ya fueran fallecidos, seres de otras dimensiones, maestros ocultos, etc.

Es así como prácticamente todo el andamiaje de la nueva era descansa en la credibilidad que se le otorgue al propio fenómeno mediúmnico y, a su vez, a la credibilidad que se le conceda a los sucesivos médiums o canalizadores.

El resultado fue un movimiento que deja de lado todo el conocimiento de las tradiciones clásicas y que, a partir de manipulaciones de sus enseñanzas junto a la recepción y aceptación de enormes cantidades de textos "canalizados" o mediúmnicos crea un sucedáneo, en ocasiones patético, de las enseñanzas tradicionales que quedan sepultadas por el peso de esta neo religión. Conocido el resultado, comencemos con la crónica de cómo se sucedieron algunos acontecimientos.

La Sociedad Teosófica: el origen de la *new age*

La Sociedad Teosófica fue fundada en Nueva York en 1875 por Helena P. Blavatsky, el coronel Henry Olcott y William Judge. En su origen estaba el estudio de la mediumnidad, del espiritismo y de otras fenomenologías ocultas. Pero su objetivo principal fue poner las bases de una nueva religión que unificase a todas y la preparación de la venida de Maitreya, la próxima encarnación de Buda que, como un nuevo mesías, cumpliría la función de "Instructor del mundo" y marcaría el inicio de una nueva era. Para ello contaban con la guía y asesoramiento de los maestros o *mahatmas* de la Logia o Hermandad Blanca residentes en los Himalayas con los que Blavatsky se comunicaba por medios mediúmnicos o telepáticos.

A estos fundadores, les siguieron dos importantes personajes dentro de la Sociedad como la señora Besant, que fue la presidenta sucesora de Olcott o el clérigo Leadbeater poseedor de prácticamente todos los poderes ocultos imaginables. Blavatsky fue expulsada por Olcott de la ST en 1887 y ella fundó en Londres una nueva sociedad esotérica.

Dos años después se conocieron Blavatsky y Besant y esta ejerció de asistente suya y la ayudó a redactar algunas de sus obras. En 1891 muere Blavatsky. Es en 1895 cuando Besant y Leadbeater se asocian. Ambos se habían conocido en 1894 en Londres en una sesión espiritista de la logia masónica de la que era secretario Leadbeater y este la acerca a la masonería en donde se inicia en una logia mixta en 1902. Ella queda impactada por los poderes psíquicos que el clérigo afirma tener y Besant lo toma como su instructor místico. Al poco tiempo después de que conociese a Blavatsky en 1884, Leadbeater ya recibía una gran cantidad de "cartas de los *mahatmas*".

En 1907 Besant es elegida presidenta de la ST, pues Leadbeater era visto con suspicacia por muchos miembros antiguos de la ST. En 1906 fue acusado de pederastia y ese escándalo hizo que más de setecientos miembros de la ST se dieran de baja a pesar de que el clérigo fue expulsado de la sociedad. Esta sucesión no fue fácil, antes de la muerte de Blavatsky y de Olcott ya hubo acusaciones cruzadas entre ellos de inventarse cartas de los *mahatmas* y de charlatanería que también recaían en Leadbeater. Cuando Besant accedió al cargo de presidenta, aceptó de nuevo a Ledabeater en la ST.

Sin embargo, el mediumnismo y los poderes de la principal fundadora, la señora Blavastky, junto a su extensa producción literaria, fue continuada con igual o mayor dedicación por la señora Besant y por Leadbeater que mostraron poseer más poderes aún y no se quedaron atrás a la hora de ofrecer nuevos libros a sus entusiastas seguidores como fruto de sus contactos con los maestros u obtenidos por medio de sus capacidades psíquicas. Todo esto lo mezclaron con doctrinas sacadas del budismo y el hinduismo que interpretaron libremente y que sumaron a sus propias creencias protestantes.

Muchos conceptos filosóficos y teológicos de la ST son tomados del hinduismo y del budismo y fueron difundidos en Occidente de su mano. Pero sin duda el hecho más importante y singular de la historia de esta sociedad fue el de la elección de Krishnamurti como nuevo mesías, caso que veremos más adelante. Como hemos dicho esta sociedad aspiró a crear una nueva religión asentada en la figura de un mesías que creyó encontrar en la persona de Krishnamurti quien, años después, dejó la teosofía mostrando patentemente que no creía ni en la existencia del contacto de los mandatarios con los llamados maestros, ni en su ideario. Pero a pesar de este fracaso, la teosofía sí dotó a su nueva religión de unas creencias que calaron profundamente en el futuro movimiento *new age* a través de una producción literaria abundantísima que sirvió de fuente a toda la enorme cantidad de libros similares que llegaron después.

Prácticamente todo el ideario más popular de la *new age* se asienta en los textos fundacionales de los teósofos y su influencia actual es tan evidente como vigente. Valgan unos ejemplos: *Los chakras* de Leadbeater; *Los siete rayos* de Wodd; *Los maestros y el sendero* de Leadbeater; *Cartas de los Maestros* de Sinnett; *El hombre y sus cuerpos* de Besant; *El plano astral, el aura humana y los registros akashicos* de Leadbeater; *La reencarnación* de Besant; *Karma* de Besant; *El cuerpo astral y El doble etérico* de Powell. A estos textos habría que añadir la extensa obra de la fundadora Blavatsky o la no menos extensa producción de la médium inglesa Alice Bailey que se separó de los teósofos y afirmaba también que su obra le fue dictada por un maestro "oculto" tibetano de nombre Djwal Khul. Como vemos en los títulos de estas obras redactadas en muy poco espacio de tiempo, los temas que abordan son los pilares constitutivos del ideario de la nueva era: *chakras*, cuerpo astral, los maestros invisibles, los registros *akashicos*, la reencarnación, el *karma*…

Esa sustitución de un conocimiento esotérico tradicional por las propuestas emanadas de los teósofos se debieron a factores como:

- **La aparición del espiritismo y su popularización.** Con él, se abre la posibilidad de comunicación con todo tipo de seres. Al principio esa comunicación eran con fallecidos, pero se amplió rápidamente a espíritus del pasado y a maestros invisibles y, más modernamente, a extraterrestres e incluso a habitantes de otras dimensiones. Estos seres son poseedores de grandes conocimientos y los transmiten a través de sus médiums o canales a los que privilegian con ese don.

- **El interés por los poderes y por las facultades paranormales.** Esto deriva en la aparición de personas con poderes especiales, además del mencionado poder de mediumnidad o canalización. Estos poderes divulgados y popularizados por los teósofos son: hacer viajes astrales; tener capacidad telepática; acceder al conocimiento de vidas pasadas propias y ajenas; ver auras y *chakras;* tener dominio de las energías y, en muchos casos, disponer de capacidades curativas.

Al disponer de esas capacidades superiores al resto de seres humanos, se entendió que estas personas estaban facultadas y avaladas para difundir esos conocimientos a los que accedían por dos vías: la canalización y el uso de sus poderes. Obviamente, la validación de las propuestas de la Sociedad Teosófica y de la NE descansa sobre dos supuestos:

1. Aceptar la realidad y veracidad de los poderes psíquicos de todos los autores mencionados capaces de ver auras, conocer vidas pasadas, ser telépatas, hacer viajes astrales, conectar con seres invisibles bien fallecidos, bien residentes en otras dimensiones o planetas, acceder a registros a*kashicos,* ver auras, abrir e utilizar los *chakras,* saber lo que ocurre después de la muerte, etc., etc.

2. Una vez aceptada la premisa de que tales individuos poseían esos poderes, dar también credibilidad a sus transmisiones de las enseñanzas de esos maestros invisibles a los que solo ellos tenían acceso.

La difusión de estas doctrinas entre ciertos sectores decepcionados y hartos de un cristianismo asfixiante, bien entre las clases más altas, bien entre grupos sociales de menor cultura, llevó rápidamente a la validación de todas sus afirmaciones, por muy descabelladas que fueran. De este modo pasaron rápidamente a ser consideradas como realidades sin haberlas sometido a un mínimo análisis crítico. Esa validación permitió que las generaciones siguientes supusieran que había algún tipo de autoridad que respaldase todas esas afirmaciones y así, poco a poco, se creó un ideario vigente hasta hoy. Ni que decir tiene que, en todos los postulados de la neo religión teosófica, Dios o no aparece o, cuando su presencia se hace inevitable en la confección de su ideario, lo relegan a un discreto segundo plano.

La manipulación de un ideario

El resultado fue el nacimiento de una doctrina que fundió algunas ideas, alteró otras y creó otras nuevas de modo que salvo para una persona muy versada en el estudio de las religiones, se hacía difícil distinguir entre las auténticas emanadas del hinduismo y budismo, de las manipuladas, de las inventadas o de las dictadas por los maestros. Muchas doctrinas propias del hinduismo o el budismo, fueron "traducidas", "adaptadas" y mezcladas con ideas cristianas por la Sociedad Teosófica y, así, llegaron deterioradas a Occidente que, sin embargo, las acepto sin más debate ni reflexión. Dos de ellas, importantísimas y asociadas entre sí, fueron el concepto de *karma* y el de reencarnación, ideas que incluso impregnaron a nuevas órdenes ocultistas que seguían naciendo en Occidente y que se declaraban cristianas.

Valga el ejemplo de la Fraternidad Rosacruz fundada por Max Heindel en 1910 en donde habla de "trece Hermanos Mayores que permanecen ocultos" y en sus enseñanzas se incluyen las creencias en la reencarnación y el *karma* tal y como las popularizaron los teósofos. Sin embargo, cualquiera que lea los textos fundacionales de la Rosacruz original del siglo XVII, no encontrará ni rastro de estas creencias orientales.

Veamos un ejemplo de adaptación. Si por ejemplo tomamos el concepto de *karma*, la teosofía, como hemos dicho integrada principalmente por individuos muy marcados por el protestantismo, le da un contenido expiatorio asociado al pecado y a la culpa adquirida que va acompañado de un castigo. Es decir, lo dota con un fuerte ingrediente cristiano. Este reduccionismo poco tiene que ver con la profundidad y complejidad de este concepto hinduista que no puede disociarse del de *maya* o ilusión.

Cualquier lectura de textos de la ortodoxia hinduista tradicional como por ejemplo uno de los textos fundamentales del *advaita vedanta,* el *Vivekakudamani* o *La joya suprema del discernimiento* obra de, aproximadamente, el siglo VIII atribuida al sabio Shankara, nos habla del *karma* y su lectura muestra las grandes diferencias filosóficas respecto a este concepto entre la tradición hinduista clásica y lo que la ST preconiza.

Para evidenciar que dentro de la tradición hinduista el *karma* carece de connotaciones negativas, baste recordar que la práctica del *Karma yoga* es una de las más elevadas.

Se le ha definido como el "yoga de acción desinteresada", aunque más preciso sería definirlo como el "yoga de la acción libre de objetivos". A estos actos se les conoce como *karma marga*.

Según el *advaita* es el "yo" exclusivamente el que genera *karma*. Dado que el "yo" es ilusorio —solo existe lo real o *atman*— el *karma* también lo es y no pertenecen a lo Real. A esa ilusión del "yo" se la denomina *maya*.

Respecto a la reencarnación, hay que destacar que entre el budismo y el hinduismo hay diferencias sustanciales respecto a esta idea y lo que en el hinduismo es reencarnación, en el budismo es más propio definirla como renacimiento. El hinduismo aboga por la idea de un ente permanente que nace una y otra vez en un cuerpo físico hasta alcanzar la liberación. Encarna sucesivamente mientras tiene *karma*. Esta idea es la que triunfa entre los teósofos pues ese ente permanente se identifica con la creencia cristiana de un alma inmortal. Pero el budismo no acepta la idea de un ente permanente. Se considera que en la vida física de un ser se obtiene un nuevo "fruto" que no es el mismo ser que el anterior, por tanto no hay nada eterno e inmutable que reencarne sino que lo que encarna es cada vez un ser diferente.

Hay que recordar que esta idea de reencarnación no era en absoluto desconocida en Occidente ni tampoco exclusiva de la India, ya los griegos hablaban de una idea muy similar llamada *metempsicosis* o, por ejemplo, también estaba presente en el ideario de la religión maniquea o de diversos credos gnósticos. Sin embargo es en la India y en el entorno del hinduismo en donde esta creencia se instaló de modo más inamovible y dogmático y es la que una vez adaptada y modificada por los teósofos, se instala en Occidente.

La India, la reencarnación y el sistema de castas

Los primeros ingleses que llegaron a India se encontraron por un lado la idea de la reencarnación y, por otro, la férrea estructura social de las castas.

Durante largos siglos, en la India se vivió bajo la rígida, injusta y demoledora doctrina social de las castas. Si bien este sistema fue abolido en 1950, lo cierto es que aún hoy sigue vigente entre muchos sectores sociales sobre todo en lo que respecta al rechazo a los "intocables". Esta doctrina emana directamente de la religión brahmánica, previa al hinduismo y origen de esta, y la división de la sociedad en castas tenía, y tiene, su sostén en la creencia en la reencarnación que justifica este perverso modelo.

El principio del que se parte es que si una persona nace en el seno de una casta con privilegios sociales se debe a que en otras vidas alcanzó merecimientos para ahora gozar de ellos; si una persona nace en una casta inferior se debe, en cambio, a que sus actos en vidas anteriores lo han llevado a nacer como inferior y con menos o ningún privilegio. Eso en el caso de que se nazca de nuevo como persona, pues la doctrina contempla la posibilidad de reencarnarse en cualquier tipo de animal. Durante su vida, una persona ni debe ni puede cambiar su casta social ni tampoco establecer relación, salvo de servidumbre, con una casta superior y, ni mucho menos, pueden haber matrimonios entre miembros de castas diferentes.

Recordemos que, desde al menos durante 3000 años, en la India existieron cuatro castas más la de los "intocables" que ni siquiera alcanzaban esa condición. La primera era la casta sacerdotal, la segunda la de militares y políticos, la tercera la de comerciantes y artesanos y la cuarta la de los siervos y campesinos. A su vez, estas castas fueron divididas en estratos, todo ello según las leyes brahmánicas. Solo se podía acceder a otra casta naciendo de nuevo; es decir, mediante una próxima reencarnación siempre y cuando se hubiera alcanzado méritos suficientes para conseguirlo. Obviamente, de aceptar con resignación en la vida que te tocaba vivir los límites y servidumbres de tu casta, sin saltarse las reglas y sin otra aspiración fuera de lo que se le exigía a cada casta, resultaba la acumulación de merecimientos cuya recompensa llevaría, en la próxima reencarnación, a la posibilidad de nacer en una casta superior.

Es obvio, que la creencia en la reencarnación se instalara y penetrara en estas castas bajas con la intensidad que representaba ser su única tabla de salvación. Y todo bajo el poder absoluto y el férreo control de los brahmanes. Este sistema social se llamaba *varna* que significa "color". Los historiadores nos narran las invasiones de los pueblos indoarios (entre el 1700 y 1300 a.d.C.) que se establecieron sobre todo en el norte de la India y promulgaron leyes para que no hubiera mestizaje y se estableciese la discriminación racial con respecto a los pueblos residentes dravídicos del sur de la India de piel más oscura. Estos invasores consideraron a esas tribus dravídicas autóctonas como infrahumanos.

Esta doctrina se reflejó en un libro *Las leyes de Manu,* un texto en sánscrito que no está claramente datado —se especula sobre del 1500 a.d.C.— y en el que se dice que las diferentes castas nacieron de partes distintas del cuerpo dios Brahma; este libro dice también que el orden de castas es sagrado y que no puede ser modificado. Si alguien nace en una casta, esta será a la que pertenezca hasta su muerte. La única salida es la reencarnación y solo a través de sucesivas reencarnaciones se puede acceder a otra superior. Esta era la de los sacerdotes que, lógicamente, son los que vigilaban que estas normas se cumplieran. Estos sacerdotes eran los que gozaban de mayores privilegios y cuidaron de que esta doctrina de la reencarnación se perpetuase. El sistema era tan rígido respecto a las obligaciones y prohibiciones de cada casta que, por ejemplo, alguien que no fuera brahmán no podía cantar los himnos de los Vedas o hacer los sacrificios bajo pena de muerte. Estos sacerdotes eran una élite al igual que los guerreros, pero la mayoría de la sociedad estaba formada por las castas inferiores. En el lugar más bajo estaban situadas las mujeres "intocables".

Aunque abolida la práctica del ritual *satí* por los ingleses en 1829, este ritual en el que la mujer de un hombre fallecido se quema viva junto al cadáver de él, bien por decisión propia, bien obligada, es aún practicado en ciertas zonas de la India de modo clandestino. Todavía se reportan numerosas agresiones hacia los "intocables" pese a las leyes dictadas en tiempos recientes que procuran la igualdad entre castas y estimulan el progreso de las inferiores. Se sabe que la miseria y pobreza endémicas en grandes sectores sociales de la India está asociada a este sistema y un informe reciente decía que el 95% de indios se casan solo entre miembros de su misma casta. Tal es el poder de las creencias.

Este sistema fue puesto en cuestión por Buda. La afirmación de que todo el mundo, independientemente de su casta e, incluso las mujeres, podían acceder a la iluminación resultaba un escándalo enorme tanto en el ámbito religioso como en lo social dado que, por ejemplo, Buda tampoco dio ningún valor a los complejos y viejos rituales practicados por los brahmanes que incluían sacrificios.

Además, Buda puso en cuestión la base que sostenía el sistema de castas: la creencia en la reencarnación mantenida por la vieja religión brahamánica. Buda la formuló de otro modo y nos dejó la del renacimiento que parte de una premisa que es antagónica a la de la reencarnación. Como sabemos, el budismo no triunfó en India salvo durante el breve tiempo del reinado de Asoka y el poder de los bramanes y el sistema de castas continuó durante la dominación del Imperio Británico (1858-1947).

Los ingleses, no olvidemos que protestantes, vieron con naturalidad este sistema de castas que se ajustaba a su ideario clasista y del cual podían sacar además un beneficio social y económico.

La señora Blavatsky recoge en sus escritos —no olvidemos que dictados por maestros— esas *Leyes de Manu* brahmánicas aunque ella, en vez de castas, habla de las razas donde cita que la raza aria es descendiente de los atlantes. Es la Sociedad Teosófica, la que difunde masivamente esta idea de la reencarnación bramánica en Occidente sustentada en tres premisas:

1. Existencia de una entidad que, al morir, guarda conciencia y memoria de sí misma respecto a su vivencia orgánica.

2. Sucesión de reencarnaciones con el fin de perfeccionarse por medio de un aprendizaje y mediante sucesivos pagos de culpas y obtención de méritos.

3. Reencarnación que implica en la nueva vida la recogida de premios o castigos según lo obtenido en vidas anteriores.

Hemos visto que es en el primer punto en el que Buda principalmente discrepa y enseña que no hay nada permanente que pueda reencarnarse por lo que la sucesión de reencarnaciones bajo estas premisas no es posible. Pocas doctrinas religiosas han tenido tanto poder sobre millones de personas durante más de 3000 años como la de la doctrina del sistema de castas y su justificación en la idea de reencarnación brahamánica. Una creencia tremendamente perversa capaz de condicionar al ser humano hasta límites difícilmente concebibles.

La India también ha proporcionado al mundo algunos de los sistemas de sabiduría más valiosos que conocemos como el *vedanta,* sin embargo toda su potencia espiritual y filosófica no fue tenida en cuenta por la ST.

Resulta interesante observar que de todo el inmenso y rico ideario que es capaz de proporcionar el hinduismo, haya sido la de la reencarnación la que más haya triunfado en Occidente, es decir, el triunfo de una idea que nos asegura que nacemos bajo condicionantes y limitaciones provenientes de otras vidas.

Tal vez sea por la asociación inconsciente que alguien nacido en un entorno cristiano puede hacer de estos ignotos condicionantes que vienen de vidas anteriores con la idea del pecado original: en ambos casos se paga y estamos aprendiendo a través de premios y castigos.

Un castigo que está ahí mismo si no pagas o no aprendes: en el infierno (castigo pagado de una vez) o en la próxima reencarnación (castigo pagado a plazos).

Ambas son ideas simples y fáciles de entender para cualquier tipo de persona independientemente de su cultura, inteligencia y condición, es por ello que son aceptadas de modo popular. Todo el mundo entiende la dialéctica de "bien igual a premio" y "mal igual a castigo"; además proporcionan un marco de esperanza en una justicia superior, pues si alguien aquí, en esta vida, es un malvado afortunado se puede confiar en que recibirá su castigo en otra vida o irá al infierno a pagar sus maldades. Al igual que si una persona se porta virtuosamente, alcanzará su recompensa bien en el cielo o en la siguiente reencarnación.

La diferencia es que la idea de la reencarnación es de más fácil comprensión y, sobre todo mucho más consoladora y esperanzadora. En ella se dispone de la ventaja del "pago aplazado", o sea, de tener mucho más "tiempo de pago" del que te ofrece una sola vida. A su propuesta de reencarnación, los teósofos añadieron el recuerdo de las vidas pasadas, si bien entonces era accesible solo para los que tenían poderes si bien ahora, con los avances de la nueva era y su democratización, es algo posible para todos. Ha sido tal la instalación de esta creencia en el ideario de la nueva era que hay corrientes que se dedican a explorar las vidas pasadas para encontrar en ellas causas que expliquen acontecimientos de la vida presente —incluso enfermedades— y han llegado a convertir esta práctica en una terapia.

Obviamente, desde otras perspectivas del relato *post mortem* este discurso de otras vidas es irrelevante pues no es contemplado. No aparece en las religiones del Libro, judaísmo, cristianismo o islam y, por ejemplo, en el caso de la religión egipcia se afirmaba la posibilidad de la extinción del ente individual después de la muerte si el fallecido no superaba la prueba de la "pesada del corazón".

Desde el ámbito de la filosofía, el unir la idea de reencarnación bramánica con la propuesta de alma inmortal que nos llega de Platón y Aristóteles y toma para el cristianismo Tomás de Aquino, da como resultado una doctrina sincrética tan forzada como pobre.

Sin embargo, los teósofos llevaron el asunto de las vidas pasadas hasta límites grotescos. El libro *Las vidas de Alcyone* del vidente Leadbeater llega hasta ese límite.

Krishnamurti: el hombre que renunció a ser el nuevo mesías

Es mucha la información publicada sobre la historia y los principales personajes de la Sociedad Teosófica por lo que no me he detenido en profundizar sobre ellos, sin embargo, sí lo haré respecto a los acontecimientos que rodearon uno de los episodios más importantes para el futuro de la teosofía: la llegada, o mejor, encarnación, de un mesías, "instructor del mundo" o Maitreya, el Buda que vendría. Esperaban, pues así lo habían profetizado los maestros, que esa "entidad" tomaría un cuerpo físico que debería ser preparado para ello. Este Maitreya divulgaría por el mundo la neo religión sincrética de los teósofos.

Jiddu Krishnamurti nació en 1895 en Madanapalle, cerca de Madrás, India, en el tiempo en que reinaba como emperatriz de la India la soberana británica Victoria. Su padre era un miembro de la casta brahmánica que ejercía de funcionario. Fueron once hermanos de los que sobrevivieron seis.

Los ingleses estaban en el cenit de su dominio imperial y en la vanguardia de los avances culturales y científicos. Sin embargo, paralelamente, la fe anglicana conservaba de los siglos anteriores un puritanismo y una hipocresía asfixiantes. La presencia británica en India con todo ese bagaje social, ideológico y económico, significó un choque desigual entre dos formas culturales tremendamente diferentes, en donde, lógicamente, los dominados perdieron frente a los dominadores.

En ese contexto nació Krishnamurti, un varón de casta brahmán al que los astrólogos, al nacer, le predijeron un gran destino. Su nombre le vino de la veneración de su madre a Krishna y, literalmente significa "encarnación de Krishna". De niño y debido a la malaria, perdió muchas horas de escuela y, en cambio, fue instruido por su madre en la religión hinduista mientras le leía historias del *Mahabarata,* del *Ramayana* y de los *Vedas.* Su paso por la escuela tuvo escaso fruto, aprendía poco y sus maestros le definían como distraído y ausente. Cuando tenía diez años sufrió un doloroso golpe al perder en un breve lapso de tiempo a su querida madre y a una hermana. Este hecho provocó que cada vez estuviera más cerca de su hermano Nitya, un muchacho tremendamente despierto y abierto.

En 1882 Blavatsky decidió que la sede teosófica debía estar en la India pues los maestros que le daban las indicaciones telepáticas residían en los Himalayas. Así, la sede que originalmente estaba en Nueva York, se trasladó a Madrás, concretamente a un lugar llamado Adyar y pronto ganaron para la causa a muchos hindús: en la nueva religión teosófica cabían todas las demás.

Efectivamente, los misioneros cristianos habían fracasado estrepitosamente en su pretensión de convertir a aquellas gentes. La lengua inglesa se extendía y también fueron, poco a poco, adoptando costumbres occidentales, pero en el ámbito de la religión no había nada que hacer.

Sin embargo, los teósofos integraron inmediatamente en su peculiar credo cristiano ideas como la de la reencarnación o el *karma,* lo cual fue del agrado de los hinduistas para los que estas dos ideas eran innegociables.

En 1909 Narianiah, el padre de Krishnamurti que ya se había hecho teósofo, se trasladó con sus hijos a la sede de la Sociedad Teosófica para trabajar en sus oficinas. Ese mismo año Leadbeater, el famoso vidente y poseedor de grandes poderes psíquicos, se fijó en aquel niño. Desde 1907 la señora Besant era la presidenta de la ST y Leadbeater su brazo derecho.

La Sociedad Teosófica llevaba un tiempo buscando un niño que pudiese ser la encarnación de Maitreya, el próximo guía espiritual de la humanidad. El candidato principal era un muchacho norteamericano llamado Huber van Hook al que había seleccionado en Chicago Leadbeater. La madre del niño no estaba muy segura de llevar a su hijo a la India para recibir la instrucción necesaria para ser el nuevo mesías, sin embargo, al final se desplazó hasta Adyar con su hijo. Pero Leadbeater dejó de lado la opción de Van Hook y seleccionó a Krishamurti apelando, según sus palabras, a la luminosidad de su aura y, sobre todo, a sus muchas e importantes vidas pasadas. De aquí salió el libro *Las vidas de Alcyone,* el alias espiritual del joven Krishnamurti y en él se especificaban sus treinta últimas vidas. Hay que decir que las "lecturas" de Leadbeater de las vidas pasadas eran enormemente precisas. Informa del año de nacimiento y muerte de cada vida, así como el lugar de nacimiento; señala a qué raza y subraza perteneció, si era hombre y mujer, nombre de padres, esposa/o, hijos amigos, etc.; así como los hechos más relevantes en los que intervino. La más antigua la sitúa en Norteamérica en el año 22682 antes de J.C.

Pocas biografías de personajes históricos son tan precisas y están tan bien documentadas como las vidas pasadas de Alcyone. Por ejemplo, en la vida número seis, Alcyone pertenece a la "gran raza aria" que se degeneró por mezclarse con otras inferiores. No extraña que muchas afirmaciones de los teósofos fuesen muy del agrado de los nazis.

Esta obra y la noticia de que ya estaba encarnado el nuevo Maitreya o Instructor del Mundo, llenaron de satisfacción a los numerosos teósofos extendidos por todo el mundo. Leadbeater afirmó posteriormente que la forma de acceso a las vidas pasadas era a través de los registros *akashicos* de los que más adelante hablaré. De modo increíble, a esta crónica de vidas pasadas tan precisas y bien explicadas se le concedió veracidad. Ya no eran solo a los maestros a los que había que creer, también a Leadbeater capaz de ver auras, hacer viajes astrales y conocer con todo detalle las vidas pasadas.

Leadbeater convenció al padre de Krishnamurti y de Nitya de que los sacase de la escuela local y que los dejase bajo su tutela ya que él se encargaba de la educación de los jóvenes. El padre accedió y a partir de entonces tuvieron ropa nueva de tipo occidental, estuvieron bien alimentados, aprendían inglés, recibían clases particulares y hacían ejercicio. Poco después la señora Besant, ya presidenta, los inició en la Sección Esotérica de la Sociedad Teosófica, un grupo solo accesible para "elegidos" que debían jurar obediencia absoluta a ella y colaborar en todo lo que se les pidiese para preparar la "venida". Antes, ya se había definido que el "Sendero Espiritual" que todo teósofo debía recorrer, constaba de cinco grados con sus sucesivas iniciaciones que se efectuaban en el plano astral al que tenían acceso Leadbeater y Besant. Ellos eran los que sabían los que se iniciaban y los que no y en qué etapa del sendero se encontraba cada cual.

De modo ceremonial se organizó una sesión en la que Kuthumi, uno de los maestros ocultos inició a Krishnamurti en el Sendero y fue reconocido como el "vehículo" de Maitreya. Poco después, Krishnamurti fue nombrado director de su propia orden: La Orden de la Estrella de Oriente cuya misión específica era preparar al mundo para la venida. Leadbeater llevaba por la noche astralmente al niño a visitar en los Himalayas al maestro Kuthumi a recibir enseñanzas. Fruto de ellas apareció en 1910 el libro *A los pies del maestro* firmado por Alcyone. Sin embargo el inglés de Krishnamurti era aún muy pobre y quedó ya entonces la duda de si lo escribió él o Leadbeater.

La Oden de la Estrella no fue la única que salió de la ST, también lo fueron otras escuelas y órdenes como la Orden del Templo de la Rosa Cruz, la Iglesia Católica Liberal, o la Masonería Teosófica entre otras. Las sucesivas enseñanzas, rituales e iniciaciones de estas distintas órdenes, hacia que los acólitos se esmerasen en alcanzar los méritos que les permitiera ingresar y medrar en cada una de ellas. Esos méritos se alcanzaban principalmente en el plano astral y eran conocidos y evaluados convenientemente por Leadbeater y Besant.

Pero el niño no avanzaba en los estudios, y no parecía mostrar ningún entusiasmo ni por los maestros, ni por las iniciaciones, ni por los viajes astrales. Era dócil y siempre hacía lo que se le ordenaba pero parecía estar a menudo como ausente y a Leadbeater esta conducta le hacía perder los nervios. Un día, Krishnamurti se encontraba abstraído y con la boca abierta y Leadbeater le dio una fuerte bofetada. Aquello marcó un antes y después en la confianza y respeto del muchacho respecto a Leadbeater. Si ya sus dudas sobre toda aquella parafernalia mesiánica empezaban a calar en su ánimo y en su mente, empezó también a dudar de Leadbeater y de sus supuestos poderes.

Poco después intervino el padre. Krishnamurti tenía dieciocho años. Por un lado el juicio por pederastia a Leadbeater en 1906 y el ambiente excesivo de prácticas y poderes ocultos, llevó al padre a solicitar de nuevo la custodia de sus hijos. La demanda a la señora Besant, responsable legal, se centraba en que había permitido que los niños estuvieran bajo la tutela de Leadbeater. Sin embargo

Besant ganó el juicio y se convirtió en la tutora legal de los dos hermanos y la decisión que tomó fue que los jóvenes viajaran a Europa a estudiar y refinarse. Efectivamente, llegaron a Londres y se codearon con lo más granado de la sociedad británica: su educación estuvo a cargo de Lady Emily Lutyens hija de un virrey de la India. Aprendieron un excelente inglés, jugaban al golf y al tenis, vestían con elegancia, iban al teatro y pasaban los veranos en Francia donde aprendieron a hablar francés. Sin embargo Krishamurti suspendía todo tipo de exámenes, fue rechazado en Oxford y no completó sus estudios en la Sorbona.

Por otro lado siempre se le recordaba su responsabilidad y su orden de la Estrella Dorada no paraba de recibir donaciones económicas o propiedades como el castillo de Eerde en Holanda. Siempre iba acompañado y nadie podía tocarle siquiera. Su timidez y carácter reservado se hacían con el paso del tiempo más patentes. La única persona de verdadera confianza que siempre estaba a su lado y lo cuidaba era su hermano Nitya que cada vez estaba peor de su tuberculosis. Por consejo de los médicos se desplazaron de la húmeda Inglaterra a la soleada California.

En una propiedad de la ST cerca de Santa Bárbara, cuando tenía veintisiete años, entre los días 17 y 20 de agosto de 1922, Krishnamurti sufrió un inexplicable "proceso" que le llevó al despertar espiritual. Pasó inconsciente la mayor parte del tiempo, sufrió grandes dolores, especialmente en nuca y cabeza, padecía fuertes escalofríos y temblores, no comía y decía sentirse sucio hasta que el último día, bajo un árbol de pimienta, entró en trance. Para definir lo que le pasó, dijo: "Estoy embriagado de Dios". Cuando se enteró Ledabeater, se extrañó. Comentó que se debía posiblemente a la "tercera iniciación del sendero" pero que él ya estaba en la cuarta y nunca había vivido nada parecido.

Las experiencias de Krishnamurti, aunque con menor intensidad, duraron hasta marzo de 1923. Pero es 1925 un año crucial en nuestra historia. Besant ha pedido a Krishnamurti que vuelva a la India a presentarse en público y dar unas conferencias para promocionarse como Maitreya. Sin embargo su hermano cada vez está peor de salud y no quiere dejarle solo. Pero no debe preocuparse, los maestros han sido muy claros al respecto y han afirmado que ellos cuidarán de Nitya y no dejarán que muera. En medio del viaje, Krishnamurti recibe la noticia de que su hermano ha muerto. En el barco llora inconsolablemente pero al desembarcar en India parece una persona diferente, alguien que ha tomado una decisión. Ese mismo año había afirmado que "el pensamiento y acción correctas valen más que mil reencarnaciones".

Ese mismo año Ledabeater publica *Los maestros y el Sendero* en donde habla de esas cinco iniciaciones astrales que él conoce y que es capaz de explicar a otros en qué iniciación o punto del Sendero se hallan. Sin embargo, en el campamento de la Orden de la Estrella, en Holanda, George Arundale recibe astralmente de los maestros que él y algunos amigos han promocionado en el sendero, hasta ese momento solo Leadbeater y Besant habían pasado astralmente la cuarta iniciación y decían quien promocionaba astralmente; ahora Arundale y sus esposa están también a su mismo nivel. También los maestros han revelado a Arundale que se deben elegir "12 apóstoles" para acompañar al señor Maitreya. En el siguiente congreso de la orden de la Estrella se dieron a conocer el nombre de siete de esos apóstoles entre los que se encontraban Leadbeater, Besant y el propio Arundale. Para sorpresa de todos Krishnamurti se negó a aceptar "apóstoles" y aunque todo parecía ir viento en popa bajo las sabías directrices de los maestros… sin embargo.

A partir de ese momento, los discursos y enseñanzas de Krishnamurti iban alejándose cada vez más de los maestros y de las enseñanzas teosóficas, el futuro mesías no hablaba ni de iniciaciones astrales, ni de registros *akashsicos,* ni de poderes ocultos y aquello empezó a calar entre algunos teósofos a pesar de que jamás hubiesen dudado ni un instante de las enseñanzas teosóficas; al fin y al cabo estas venían de *mahatmas* y grandes iniciados.

En 1929, en Holanda, por sorpresa y sin haber dicho ni una palabra a nadie, ante tres mil personas y en presencia de la señora Besant, Krishnamurti disuelve la Orden de la Estrella Dorada y, en un discurso que ha pasado a la historia y que empezó con la frase "la verdad es una tierra sin senderos", anuncia su baja en la Sociedad Teosófica y deja el dinero y las posesiones que le habían donado, incluido el castillo de Eerde. A la decepción de no contar ya con el nuevo Maitreya, se sumó la de comprobar que ni la clarividencia de Leadbeater, ni los viajes astrales, ni tan siquiera los maestros habían previsto esta decisión de Krishnamurti. La ST ya nunca más sería lo que hasta entonces fue. A partir de ese momento Krishnamurti empezó a recorrer el mundo mostrando su propia enseñanza. Hay una frase suya que puede resumirla: "Si usted está preso, no me concierne describir lo que es la libertad, mi propósito es mostrarle qué crea su prisión y que usted sea el que la derribe".

En esta frase se revela una de las principales reflexiones que compartían los que sospechaban de la ST: la inutilidad práctica de su enorme volumen de discursos.

A su muerte a los noventa años dejó el legado de cuatro Fundaciones dedicadas a la educación de niños y jóvenes y una enorme obra escrita, la mayoría trascripciones de conferencias y encuentros con personas que le visitaban. En 1984 recibió la medalla de la Paz de las Naciones Unidas. Son mundialmente conocidos los libros que recogen las charlas que tuvieron Krishnamurti y David Bohm, uno de los más grandes físicos cuánticos.

En ellos está la prueba de que en solo diez páginas de sus obras o en diez minutos de sus vídeos hay más sabiduría que en los cientos de obras mediúmnicas y canalizadas por los teósofos y sus continuadores.

René Guénon y el Teosofísmo

La teosofía, ya desde el principio, fue fuertemente cuestionada.

El trabajo de poner bajo la mirada de un análisis crítico a esta asociación ya lo hizo de modo magnífico René Guénon en su obra *El Teosofísmo: Historia de una pseudo religión* que está publicada en español y su lectura es altamente recomendable. El libro fue publicado en 1921 para demostrar que "las doctrinas propagadas por la Sociedad Teosófica son invenciones que provocaban peligrosos errores… hemos considerado conveniente denunciar este error… lo mismo hemos hecho posteriormente con el espiritismo". La obra de Guenon es sólida, documentada, contundente y afirma que los postulados teosóficos son "anti iniciáticos", además, como buen conocedor de las religiones de la India denunció la mala comprensión o la mera manipulación que hicieron los teósofos de varias ideas tradicionales como *karma, dharma, samsara,* reencarnación, *chakras,* etc. Es curioso como esta excelente obra de un personaje de su altura intelectual, poseedor de un verdadero conocimiento esotérico y un sincero buscador espiritual como Guénon, es prácticamente desconocida.

Es un libro voluminoso que proporciona un análisis pormenorizado sobre las creencias teosóficas y sobre los protagonistas más importantes como Blavatsky, Besant, Leadbeater o Olcott . Por ejemplo, Guénon da todos los títulos de las obras que copió o en las que se inspiró Blavatsky para escribir las suyas supuestamente dictadas por los *mahatmas* invisibles. También muestra las diferencias doctrinales que separan la neo religión que pretendían crear los teósofos de las enseñanzas tradicionales hinduistas y budistas. Especialmente interesante es el capítulo de *Las tribulaciones de Alción* que se refiere a todos los disparates que los teósofos dijeron respecto a Krishnamurti y a todos los hechos que rodearon la idea de convertirlo en el nuevo mesías. También son muy recomendables los apartados en los que trata los temas de la "Hermandad Blanca" que supuestamente guiaba el proyecto teosófico y a la misma Blavatsky o los argumentos teológicos, filosóficos, metafísicos o éticos con los que desmonta el incoherente entramado teosófico. Por último, es muy interesante conocer su opinión sobre los poderes psíquicos que supuestamente tenían aquellos teósofos con todos sus viajes astrales, lecturas de vidas pasadas, despertar de *chakras* o telepatía con *mahatmas.*

René Guénon, nacido en Francia en 1886 y matemático de formación, hoy sigue siendo una referencia para todos aquellos que busquen una información sólida y honesta sobre esoterismo y su espiritualidad asociada. Fue miembro de la masonería antes de viajar a la India y profundizar en la sabiduría clásica del hinduismo. En 1912 ingresó en una *tarikka* sufí y terminó su vida en El Cairo en 1951 donde está enterrado bajo el nombre de Abd al Wahid. En sus escritos atacó con dureza el materialismo que empezaba a arraigarse en Europa y la pseudo espiritualidad que amenazaba con sustituir al verdadero conocimiento iniciático y desviar su significado vaciándolo de contenidos espirituales para incorporar ideologías falsas. En la misma línea y además de la obra mencionada sobre los peligros de la doctrina teosófica, publicó en 1923 *El error espiritista* obra en la que profundiza sobre esta desviación. Afirmaba la existencia de una Tradición única que adapta formas diferentes como el cristianismo, el vedanta o el sufismo. Autor de más de veinte libros, en su obra *El Reino de la cantidad y los signos de los tiempos* publicado en 1945 anuncia, casi de un modo profético, la expansión del materialismo y de la falsa espiritualidad que hoy queda retratada en la nueva era.

Evolución del ideario de la *new age*

Ya hemos visto que el ideario de la nueva era se nutre principalmente de las formulaciones de la Sociedad Teosófica que dejó en una abundantísima producción literaria y que ha sido su principal fuente inspiradora. Recordemos que la Sociedad Teosófica buscó crear una nueva religión e incluso creyó encontrar a su propio mesías, es por este motivo que la nueva era presenta aspectos similares al de un credo religioso con sus propios sistemas de creencias, dogmas, etcétera, aunque la base fundamental reside en una revelación en esta ocasión múltiple, es decir, revelada por diferentes personas a las que se las reconocía su capacidad de mediumnidad y que elaboraron enseñanzas emanadas de esos seres invisibles que afirmaban pertenecer a una alta jerarquía espiritual.

La pertenencia a esa jerarquía espiritual es la que, hipotéticamente, les confería la autoridad de sus enseñanzas. Sin embargo, otros autores, siempre de forma mediúmnica, fueron añadiendo sus propias revelaciones a lo dicho por los teósofos.

Por ello, una característica singular de este movimiento es que la revelación es compartida por muchas personas que a través de la mediumnidad o canalización contactan con distintas variedades de seres incorpóreos bien sean maestros espirituales, extraterrestres, seres de otras dimensiones, ángeles, etc., lo que ha permitido una enorme cantidad de opciones de elección a los seguidores de este movimiento.

Los libros resultantes de las revelaciones de estos médiums o canalizadores se cuentan en la actualidad por centenas. Originalmente, en la Sociedad Teosófica se confió en la afirmación de que muchos de sus miembros fundadores poseían grandes capacidades psíquicas que les permitían acceder a mundos y realidades vetadas a los demás. Sin embargo, por decirlo de algún modo, el desarrollo de esas capacidades psíquicas y el consiguiente acceso a realidades no ordinarias, se *democratizó* y, como hemos visto, también hoy podemos contar con centenas de libros escritos por personas que afirman poseer dichos poderes y nos relatan sus conocimientos, experiencias, logros, etc.

Los poderes más populares entre los canalizadores son básicamente los mismos que los de los teósofos: conocer vidas pasadas de uno mismo y de otras personas, ver auras y *chakras,* hacer viajes astrales, poseer capacidades sanadoras además de tener el don de canalizar a diversos seres incorpóreos.

Son muchas las personas que participan del ideario *new age* y que practican alguna forma de mediumnidad o canalización o que afirman haber desarrollado alguna o muchas de estas capacidades extrasensoriales. Sin embargo, en el inicio no fue así. Como veremos en el próximo repaso histórico, todo empieza a partir de la Revolución

Francesa. Resulta curioso como al igual que el ideario de la Ilustración trajo el sometimiento de la espiritualidad a la razón llevando a la deducción posterior de que espiritualidad y superstición eran lo mismo y que el nuevo *dios* debía ser la razón y la ciencia su aliada; a la vez, el nacimiento del ideario *new age* cayó como una losa sobre la verdadera espiritualidad que quedó sometida a la fenomenología de los poderes y al mediumnismo.

Desde finales del siglo xviii, todo el esoterismo y la espiritualidad quedaría en manos de los que tenían poderes o de los médiums y la literatura espiritual tradicional quedó relegada a un segundo plano, cuando no condenada al olvido.

Curiosamente, racionalismo y neo religión tenían algo en común: dejaban a Dios de lado.

Teosofía, médiums y *akasha*

Un concepto muy querido por la nueva era es el de registros *akashicos* que proviene del término *akasha,* pero lo primero que hay que decir es que aquello a lo que se refiere la Teosofía y la nueva era respecto a esta idea, nada tiene que ver con el concepto hinduista en el que se basa. *Akasha* significa "éter" pero, sobre todo, "vacío".

Fue Leadbeater el que en su obra ya mencionada de *Las vidas de Alcyone* apela a la idea de registros *akashicos* para justificar su conocimiento de las últimas treinta vidas anteriores de Krishnamurti. Las investigaciones de Leadbeater sobre estas últimas treinta vidas de Alcyone fueron publicadas anteriormente en la revista de Sociedad Teosófica en 1910, pero fue paralizada su publicación por la señora Besant, la presidenta de la Sociedad Teosófica, debido al pleito que mantenía con ellos el padre de Krishnamurti que, en aquellas fechas, era un niño de trece años. Esto ocurrió poco después del escándalo del "caso Leadbeater" que hizo que este fuera expulsado de la Sociedad Teosófica. Sobre el entonces obispo anglicano y poseedor de todos los poderes psíquicos imaginables, recayó la acusación de abuso de menores o perversión al ser acusado por dos adolescentes. Leadbeater era el mentor de los jóvenes que se acercaban a recibir las enseñanzas de la teosofía y, ya antes, uno de los jerarcas de la teosófica, Sinnet, le había apartado de su hijo. Los rumores sobre su comportamiento inmoral se remontaban a su pasado como sacerdote y eran conocidos por toda la cúpula de la ST. Pero Leadbeater siempre declaró su inocencia y solo confesó ante el juez que, efectivamente, había aconsejado a los muchachos la práctica de la masturbación. Uno de los jóvenes declaró que le había dicho que "era teosófico que ambos durmieran juntos"; por otro lado, Leadbeater, tal vez fiel todavía a sus primeras creencias del anglicanismo más puritano, predicaba la necesidad de una virginidad total.

Ante la falta de pruebas aportadas por la acusación que no contaba más que con el testimonio de los jóvenes, Leadbeater fue declarado inocente y Besant, la presidenta, pese a la oposición de otros miembros destacados de la teosofía, lo admitió de nuevo en la sociedad. Hay que reseñar que con el caso, Besant cayó en una crisis que la hizo preguntarse sobre la condición de iniciado de Leadbeater y sobre sus facultades. Según la enseñanza de la teosofía, la iniciación estaba condicionada a la más absoluta pureza sexual. Declaró que todo se debía a que ambos habían sido "hechizados", pero esta afirmación creó gran revuelo que se resolvió cuando los maestros después informaron de que no lo estaban. Existe documentación en la que se cita que ya en 1895 Leadbeater y Besant, en sus cuerpos astrales, visitaban a los maestros y que también averiguaron que podían acceder al conocimiento de las vidas pasadas de las personas. Luego el contacto con los maestros se hizo más cómodamente a través de la telepatía sin tener que usar los viajes astrales. Pero, curiosamente, a su regreso a la ST, los poderes de Leadbeater se habían incrementado y, como hemos visto, salió a la luz con toda su potencia, incluída su facultad de leer las vidas pasadas mostrada en *Las vidas de Alcyone*.

Por tanto, la idea de *akasha* también se la debemos a Leadbeater. Lo revelado por los maestros es que toda vida humana queda registrada en una suerte de archivo cósmico llamado *akasha*. Luego, él por medio de sus poderes psíquicos, accedía a ese archivo y así era capaz de dar la noticia de las anteriores reencarnaciones de Krishnamurti-Alcyone. En ese caso, nada más ni nada menos, que treinta. Dejando aparte las dudas mencionadas que ya, desde su época, generó un personaje como Leadbeater, lo cierto es que esta idea de archivos *akashicos* se sitúa justo en las antípodas de los postulados hinduistas o budistas y su fuente real hay que buscarla en el espiritismo. Hay que recordar que, dentro del ideario hinduista, esta vida es *maya,* es decir ilusoria y, por tanto, no pertenece a lo Real. Además, según Buda, esta existencia es condicionada, fenoménica, insustancial, efímera, transitoria e impermanente.

El *Vivekakudamani* dice en su sutra 384:

> "Deja de asociar al éter (*akasha*) los múltiples *upadis* (lo que se superpone a lo Real)…pues el éter es Uno y no múltiple, del mismo modo que el Supremo, cuando queda libre de las superposiciones del yo es en verdad Uno".

Para el hinduismo, el *akasha* pertenece a lo Real y, por tanto, no puede albergar lo no-real; ni está sujeto a *maya* ni a la división de la existencia pues *akasha,* permanece siempre en el Uno. ¿Cómo podría algo que pertenece a lo fenoménico e irreal, la existencia fenoménica humana, plasmarse eternamente en lo Real? Además, una idea como la de la exploración de vidas anteriores, tampoco la encontramos en el *advaita vedanta,* la potente fuente filosófica y esotérica del hinduismo. Como colofón, *akasha* habita fuera del ámbito del tiempo, el tiempo está vinculado a *maya,* de modo que no es posible que algo temporal, la vida humana, se manifieste en lo no-temporal.

Es evidente que Leadbeater desconocía los postulados filosóficos del hinduismo y esta idea la sacó de conceptos emanados del espiritismo principalmente los formulados por Alan Kardec y sus seguidores. Estos principios espiritistas empezaron a construir la idea de la existencia de un "campo energético", una suerte de cinta magnética, en el que queda registrada toda actividad humana y que permite ser explorado por las personas dotadas con facultades para ello, es decir, los médiums o, según el término más utilizado actualmente, canalizadores.

En realidad, Leadbeater uso un término hinduista, el *akasha*, para dar un componente más consistente y sofisticado a algo ya conocido por él y ya utilizado por los espiritistas

Lo de reformular algo ya conocido añadiendo elementos hinduistas, también lo hizo con los *chakras* que, naturalmente, también era capaz de ver. Después del escándalo mencionado y, después de que poco a poco fuera olvidado el asunto, pareció que todos sus poderes y capacidades se incrementaran. Su libro titulado *Los Chakras* se publicó en 1927. Desde el principio se supo que tomó como base una obra clásica de Gichtel (siglo XVII), principalmente a lo referido a los siete planetas y su ubicación en el cuerpo para sustituirlos por los siete *chakras*. Pero este asunto lo trato al final del libro.

Es importante recordar que el fenómeno mediúmnico es conocido en la historia desde tiempos remotos, pero en la antigüedad tenía características diferentes. La principal reside en que, en el pasado, el lenguaje de los "dioses" era, por su naturaleza, ininteligible y, además, estaba reservado a unos pocos capaces de recibirlo. Recordemos el Oráculo de Delfos en el que la Pitonisa manifestaba lo que recibía de Apolo a través de gritos que luego eran interpretados por los sacerdotes y estos, a su vez, se lo transmitían al consultante en una breve frase enigmática y, muchas veces, en forma de poema. Obviamente era el Oráculo el que "dictaba las reglas", es decir, el consultante debía acudir allí, guardar las prescripciones establecidas y esperar a que el oráculo se manifestase. Todo ello en un entorno de sacralidad.

El mediumnismo actual llamado canalización tiene patrones diferentes. No hay ningún problema ni de ininteligibilidad ni de idioma, no se precisa ningún ámbito de sacralidad y las entidades invisibles, bien sean maestros, extraterrestres o seres de otras dimensiones, siempre se encuentran disponibles para responder al médium o canalizador que los solicite las 24 horas del día los 365 días del año.

Pero para comprender bien este fenómeno, hay que empezar hablando de Hipólito León Denirzard.

Allan Kardec y el espiritismo

Efectivamente, si hablamos de espiritismo debemos referirnos obligatoriamente a Allan Kardek (1804-1869) para entender mejor el fenómeno espirita. Este pedagogo y contable francés de nombre Hipólito León Denirzard se interesó, como tantos otros, por el fenómeno en boga de la época de las "mesas parlantes". El sistema era tan sencillo como impactante. Los asistentes a la velada espiritista hacían preguntas al espíritu de alguien fallecido que contestaba dando golpes con la patas de la mesa "que parecen bailar", la fórmula, sin embargo, es larga ya que se usaba el abecedario como guía. Un golpe es la letra "a", dos golpes la letra "b" y así sucesivamente. La sociedad parisina de la época se volcó con el fenómeno y, por ejemplo, personajes como Víctor Hugo, son ellos mismos médiums que acreditan el contacto con espíritus fallecidos. Víctor Hugo recibe mensajes de Shakespeare, Platón, Galileo y hasta del mismo Jesucristo, aunque no solo conecta con seres que fallecieron sino con "entes abstractos" como la Muerte o el Océano; fruto de su entusiasmo escribe un libro titulado *Lo que dicen las mesas parlantes*. Mientras, la Iglesia católica, patrocina discretamente estas sesiones que no hacen más que demostrar que la supervivencia del alma después de la muerte es algo real. No podemos olvidar la época; la Revolución Francesa ha impuesto en el ideario social la "era de la Razón" y la

Asamblea ha dado un duro golpe a la Iglesia de Roma, no solo confiscando todas sus propiedades, si no también poniendo en entredicho todo su ideario catalogándolo como supersticiones. Pero muchos ciudadanos no aceptan fácilmente la nueva propuesta de la razón y se vuelcan para contactar con sus familiares fallecidos ante la nueva perspectiva que ahora se les ofrece. Antes debían contentarse con pagar misas o indulgencias para sus muertos, ahora, se puede hablar con ellos: el salto es enorme.

Para el pueblo, que ha estado rezando a vírgenes, santos y fallecidos durante siglos, no le es fácil de la noche a la mañana cambiar de creencias por mucho que una élite intelectual lo haya decidido. Pero ¿si son los médiums capaces de conectar con los muertos?, ¿dónde se encuentran estos? Es aquí donde la Iglesia ofrece una respuesta particularmente oportuna que lleva defendiendo desde hace tiempo y a la que le ha sacado un enorme rendimiento económico a través de las indulgencias y las misas: el purgatorio. Además, encuentra una manera formidable de separarse ideológicamente aun más del protestantismo que no cree en el purgatorio. La Iglesia católica y sus fieles no olvidan que Lutero afirmó que no tiene sentido orar por los muertos. De hecho, una de las causas principales del conflicto causado por la Reforma Protestante es precisamente la negación de esta idea y, por extensión, de las indulgencias y misas para sacar almas del purgatorio cuya explotación económica había alcanzado cotas escandalosas. De modo inesperado, la Iglesia, a través del espiritismo, tiene pruebas de la existencia del purgatorio lo cual demuestra que los protestantes están equivocados.

El Concilio de Trento dejó clara la doctrina al respecto y, oraciones y misas, son necesarias y, por tanto, solicitadas: hay muchos fallecidos en el purgatorio y es necesario ayudarlos, entre tanto, se puede contactar con ellos. La doctrina queda clara: son almas errantes que necesitan ayuda.

Pero el método de las mesas parlantes es incómodo y lento así que se sustituye rápidamente por una tabla llamada *ouija*, todavía popular en ciertos ambientes, de más fácil y rápido manejo con lo que las consultas pueden hacerse con varios espíritus a la vez y dar a las sesiones mayor dinamismo. Con las mesas parlantes, dado lo laborioso del proceso, el contacto con un único espíritu podía durar horas y era necesaria la presencia de un apuntador que llevara la cuenta de los golpes. Sin embargo, el proceso de la *ouija* todavía resulta pesado y, sobre todo, es necesaria la presencia de varias personas para que el fenómeno se lleve a efecto. Es entonces cuando surge la "escritura automática", un sistema mucho más rápido y fácil para comunicarse con los espíritus y que, además, puede practicarse en soledad: un médium, ahora, solo necesita lápiz y papel. Y aquí el proceso comienza a invertirse; ahora no se trata ya de ayudar a los fallecidos, se trata de que los fallecidos nos ayuden; este es el momento en el que se transforman en guías. Y es entonces cuando aparece Allan Kardec.

Es Kardec el que le da un soporte ideológico al espiritismo a través de su obra *El libro de los espíritus* publicado en 1857 con un éxito editorial inmediato pues el libro se agotó al poco tiempo y alcanzó una gran difusión. Por si fuera poco aparece en un momento estratégico. La cultura de la Razón y las nuevas doctrinas de la Ilustración que se extienden por toda Europa se encuentran de cara con un fenómeno, el espiritismo, que los deberá dejar sin argumentos: no solo la supervivencia del alma después de la muerte existe, sino que además podemos comunicarnos con los fallecidos. Poco después ve la luz la revista *Revue Spirite*. Como curiosidad recordemos que *El origen de las especies* de Darwin se publicó en 1859. Si Darwin y su trabajo son recibidos con entusiasmo por los defensores de la razón que consideran la religión y la idea de Dios como algo de incultos y supersticiosos, por el otro lado, los que reniegan de la ideas evolucionistas de Darwin se agarran al espiritismo de Kardec que va reclutando seguidores y afianzando los pilares de una nueva espiritualidad al margen del cristianismo. Muy poco después este trabajo lo continuará la Sociedad Teosófica y su propósito de crear una nueva religión que sea la síntesis de todas y que tenga incluso su nuevo y propio mesías.

Pero volvamos a los orígenes del espiritismo; la ortodoxia prescribe que fue en 1848, año de la publicación de *El manifiesto comunista* de Marx y Engels, cuando según las doctrinas espiritistas, se demostró de modo incuestionable la comunicación con los fallecidos a través de las tres hermanas Fox en la pequeña población norteamericana de Hydesville por medio de los golpes a una mesa. El caso tuvo su polémica cuando dos de las hermanas confesaron que eran ellas las que daban los golpes disimuladamente, pero la tercera hermana afirmaba que los fenómenos de índole paranormal que las rodeaban eran reales y que los producía ella. Pero Kardec va mucho más allá, el espíritu fallecido que le dicta —hemos pasado de los golpes sorprendentes de los muebles de la casa de las Fox a la escritura automática en apenas nueve años— es el de un druida fallecido que lo conoció muchas reencarnaciones atrás y que le informó de que en aquel tiempo su nombre era el de Allan Kardec y de que ambos eran amigos. Además es el espiritismo el que empieza también a darle una patina idealista y mitológica a la historia nacional francesa, algo muy necesario en aquel momento de reconstrucción de una nueva Francia libre de la asfixia católica.

Los druidas pasan a ser unos individuos cercanos a la perfección humana y un modelo de virtudes y conocimientos y no los sacerdotes sanguinarios que hacían sacrificios humanos que narraban las crónicas romanas. A su vez, otro espiritista discípulo suyo, Leon Denis, en su obra *Juana de Arco, la médium* incluye un capítulo "Juana de Arco y el ideal céltico" en el que deja clara la relación espiritual entre celtas, druidas y médiums dejando a la posteridad la idealización de ese pueblo y la de los druidas. Pero la situación se complica para la Iglesia; el druida, de nombre Z, que se comunica con Kardec no está en el purgatorio y ejerce de mentor espiritual, las almas en pena del purgatorio no coinciden con el perfil del druida y, sobre todo, entra en danza la idea de la reencarnación que ya ha llegado a Francia y es incompatible con la creencia cristiana. La Iglesia toma la decisión de poner *El libro de los espíritus* en el índice de libros prohibidos en 1864. En un auto de fe, en Barcelona, el obispo de la ciudad condal manda quemar públicamente las obras de Kardec. Se abre una guerra sin cuartel entre espiritistas, que crecen en número como la espuma, y la Iglesia Católica que ve frente a sí a un enemigo formidable más que se añade ahora a los que defienden las tesis evolucionistas de Darwin, a los seguidores de los planteamientos sociales de Marx y Engels y, en definitiva, a todo lo emanado por la Ilustración.

El espiritismo se empieza a definir como una nueva religión sustitutiva en donde los fallecidos no son los únicos protagonistas, ahora lo son también esos maestros en forma de druidas que enlazan el nuevo movimiento con un pasado legendario e idílico lleno de sabios amantes de la naturaleza que creían en la reencarnación. Era tal la devoción de Kardec hacia ese pasado legendario que ordenó que su monumento funerario simulara un dolmen.

Pero Allan Kardec busca tomar un camino intermedio: ni el frío materialismo emanado de la Revolución, ni el rancio catolicismo. En una de sus obras dice: "El espiritismo es la prueba patente de la existencia del alma, de su individualidad después de la muerte, de su inmortalidad, es pues, la destrucción del materialismo, no con razonamientos, sino con hechos".

Su separación con cualquier aspecto de la doctrina católica lo deja escrito en su obra *El Evangelio según el espiritismo* en la que propone una lectura del Evangelio a la luz de la nueva doctrina. También aborda el Antiguo Testamento con su obra *El Génesis*. Su obra *El libro de los mediums,* otro enorme éxito editorial, junto a *¿Qué es el espiritismo?* cierra el grupo de sus obras más importantes.

Sin embargo, es curioso que nunca rompió amarras definitivas con ninguna de las dos posturas ideológicas, sobre todo con la Iglesia. Por eso es habitual que muchos nuevos médiums, que se empiezan a contar por centenares, se pongan en contacto con todo tipo de santos y personajes bíblicos. Además, se produce otro fenómeno: el mediumnismo no queda solo circunscrito a unos pocos, prácticamente cualquier persona puede contactar mediante escritura automática con sus espíritus o con sus guías al igual que Alan Kardec a pesar de que él, el propio fundador, advertía de la dificultad de convertirse en médium.

La escritura automática

En cuanto a la escritura automática, es bueno recordar el interés que mostró por ella Sigmund Freud (1856-1939) en el ámbito del estudio terapeútico psiquiátrico o el uso y difusión que le dio André Breton fundador del surrealismo, movimiento antirracionalista según su propia definición. La escritura automática es defendida, difundida y usada por el escritor y otros poetas de su tiempo ya que, según su opinión y la que suscribían tanto surrealistas como dadaístas, este método es capaz de vencer la censura y los prejuicios del inconsciente y permite el acto creativo de escribir dejando fluir los pensamientos sin represión alguna. Así fluye en el escrito lo que habita en el inconsciente y que, de modo normal, no pasa a la consciencia. Este acto de escritura creativa puede producirse en un estado de trance emocional o no. Claramente, la concepción de escritura automática por parte del espiritismo dista mucho de la utilizada por los surrealistas: mientras que para ellos es un acto que refleja los contenidos ocultos del inconsciente y el reflejo de una necesidad o pulsión interior —lo mismo que defendía Freud— y que sale al exterior con una coherencia estructural creativa, para los médiums se trata de un dictado telepático de otro ser bien sea un fallecido o maestro invisible.

Lo que para unos pertenece al ámbito de la mente y la creatividad, para otros pertenece al ámbito de lo psíquico y paranormal. Dado que el inconsciente es capaz de recibir mucha más información que la parte consciente, asimismo es capaz de realizar complejas elaboraciones con esa información que solo habita en el inconsciente y volcarla al exterior de forma creativa dejando el pensamiento racional al lado y permitiendo que fluya ese contenido fruto de una elaboración mental que mezcla elementos conscientes con los inconscientes. Sin embargo, esta explicación que es aceptada de forma general tanto por sus creadores surrealistas como por Freud o los psicólogos actuales, no lo es por parte de los médiums que proclaman la verdad de sus contactos telepáticos por medio de la escritura automática y que, como veremos un poco más adelante, llegará hasta el fenómeno ovni. Sí, dentro de pocos años, y por medio de esa escritura automática, nos comunicaremos nada más y nada menos que con extraterrestres.

El legado de Kardec aún pervive y, sobre todo, influyó de modo enorme en el desarrollo de lo que hoy se conoce como "canalización" pues es Kardec el que pasa de comunicarse con los fallecidos a comunicar con un personaje que ejerce de mentor espiritual. El médium no es ya un mero elemento comunicante o un factor de consuelo al fallecido; el médium es ahora portador de mensajes de gran calado. No conviene olvidar que la señora Blavatsky, antes de fundar la Sociedad Teosófica, fundó la Sociedad Espirita en 1871 en El Cairo. Pronto se decepcionó pues, como escribió en distintas cartas a su familia, "varios miembros del grupo simulan su mediumnismo". Sus dos magnas obras en las que incluye enseñanzas de "maestros ocultos", *Isis sin velo* y *La doctrina secreta* son de 1875 y 1888 respectivamente, y son fruto de ese fenómeno mediúnico, si bien ella siempre afirmó que el contacto con su maestro, el mítico Kuthumi, se estableció en 1851 cuando tenía 20 años y estaba con su padre en Londres. Como vemos, la diferencia aparece: la canalización alcanza un fenomenal protagonismo y empieza a ser recibida y aceptada con gran entusiasmo: en vez de con muertos se empieza a hablar con maestros. Ya hay hilo directo con gran variedad de ellos que, además de enseñanzas espirituales, nos hablan del pasado de la humanidad, nos cuentan sobre otros mundos y dimensiones, nos dan profecías, ofrecen doctrinas, son capaces de curar enfermedades, etc.; se puede afirmar que desde Kardec, los canalizados se pueden contar por miles aunque solo tenemos noticia de aquellos que han triunfado y sus mensajes han llegado a ser divulgados.

Para concluir este relato, recordemos también a Amelia Boudet, esposa de Kardec y, para muchos, una verdadera fuerza impulsora detrás del espiritismo. Es ella la que afronta en 1875 en París, después de la muerte de su esposo, el llamado "juicio de los espíritus" en donde se acusa a un miembro de la sociedad espirita de publicar unas fotos falsas de espíritus, pero que sirve para poner en entredicho a todo el espiritismo. Se conserva el texto que se leyó a su muerte en la que un médium recibió un mensaje de San Antonio de Padua en el que el santo describía como el espíritu de ella era recibido en el más allá por el de Allan Kardec junto a otras jerarquías espirituales lo cual demostraba, una vez más, la veracidad de las afirmaciones espiritas.

La expansión del espiritismo fue rapidísima. Kardec había viajado acompañado de su mujer por toda Francia fundando grupos espiritistas en la mayoría de ciudades importantes a la par de que el número de médiums se multiplicaba debido a la facilidad que procuraba la escritura automática. El espiritismo alcanzó unas potentes señas de identidad e influyó de modo determinante en la Sociedad Teosófica y, con ella, en todo el ideario contemporáneo de la nueva era que siguió nutriéndose de la canalización.

La canalización adquirió una enorme popularidad y se produjo en el movimiento nueva era un fenómeno extraordinario: bastaba con que una afirmación, por muy estúpida o estrafalaria que fuera, viniera de una canalización para que inmediatamente fuera dada como cierta. Entonces nadie pareció reparar en que las enseñanzas espirituales de guías ni maestros canalizados no alcanzaban, ni por asomo, la grandeza de las enseñanzas de maestros que existían o habían existido aquí, que muchos de esos canalizadores se contradecían entre sí, o que algunas de sus doctrinas y enseñanzas ya habían sido formuladas con más peso y nivel por maestros espirituales de carne y hueso. Pero para que todo ello ocurriese, antes tuvieron que tener carta de identidad los "maestros ocultos".

Los "maestros ocultos"

En aquella época el espiritismo y su precursor el magnetismo —Kardec empezó interesándose por el magnetismo— también dejaron su impacto en las numerosísimas logias masónicas y afines que se extendían por toda Francia y resto de Europa.

El procedimiento para "elevar columnas" —fundar una nueva logia— era, y sigue siendo, el de disponer de una carta patente formalizada por otra logia en activo y regularmente constituida.

Esta era la garantía de que se conservaban sin alteración los ritos y las enseñanzas de una logia y de que los que empezaban la iniciativa de abrir una nueva logia eran maestros masones regularmente iniciados.

La masonería se extendió entre las clases altas a partir de la corte de Federico II de Prusia (1712-1786) y entre los intelectuales de nuevo cuño afiliados a los ideales de la Revolución Francesa. Y, en un caldo de cultivo como ese, no es extraño que medrase la picaresca y el fraude. Crear nuevas logias que aporten elementos rituales sofisticados y novedosos y que atraigan a nobles ociosos y adinerados es un buen negocio, pero existe el problema de la carta patente, es decir, una logia regular debe de ser autorizada por otra logia regular y unos maestros han de ser avalados por otros maestros. Pero aparece una solución: se trata de que no sea necesario que la carta patente esté avalada por maestros masones de carne y hueso ni por una logia regularmente constituida. Unos pícaros encuentran una fórmula mucho mejor: la carta patente estaría ahora avalada por "maestros ocultos" con muchos más conocimientos y mucho más poderosos aunque, naturalmente, su existencia era secreta. Y la idea comienza a calar. Se extiende la creencia de que existen unos maestros con grandes poderes cuya existencia secreta solo es conocida por unos pocos. Este es el origen de la aparición posterior de los "maestros ascendidos" que, al principio, fueron denominados como "maestros o superiores desconocidos". A partir de aquí como hemos visto, médiums como Blavatsky o Alice Bailey reciben su información de miembros de esta cofradía de maestros a la que denominan Hermandad Blanca. Conocemos algunos de sus nombres como el de Kuthumi, el maestro de Blavatsky, o Djwal Khul que era el maestro de Alice Bailey, ambos de origen oriental, aunque los franceses, en su misma línea de autoafirmación nacionalista, incorporan al famoso conde de Saint Germain como su "maestro ascendido" favorito.

Sin embargo, esta historia tuvo su lado oscuro. Las jerarquías de las SS afirmaban estar en contacto con esos "superiores desconocidos" que era el modo con el que el nazismo los denominaba. Pequeños grupúsculos ocultistas que proliferan en esa época en Alemania toman esa idea que, poco a poco, cala entre los nazis. Recordemos que ya Blavatsky, inspirada por Kuthumi, es acusada de racismo por sus polémicos escritos sobre las razas.

Como sabemos Blavatsky situó la sede de residencia —tanto espiritual como física— de la Hermandad Blanca en el Tibet y allí se dirigieron varias expediciones nazis con el propósito de encontrar las raíces de la raza aria.

Este tema de las razas concebidas según enseñaron los maestros a los teósofos, tuvo una gran influencia en el nazismo, así como otros delirios ocultistas que veremos más adelante. Sea como fuere, la presencia en el ideario de la nueva era de estos maestros o guías, primero ocultos y luego carentes de cuerpo físico, fue definitiva.

Es curioso saber que ni el mencionado maestro Kuthumi, posiblemente el más popular, se libraba de que se conocieran sus vidas anteriores como Tutmosis III, Pitágoras, el rey Baltasar, astrólogo para más señas, o el propio san Francisco de Asís.

Y, efectivamente, la nueva era que se extiende en Occidente, no se olvida de su raíz cristiana.

El Evangelio de Acuario de Jesús el Cristo

Para continuar este repaso, es necesario recordar un libro que en su momento, tuvo una enorme influencia en el ideario de la nueva era y el mediumnísmo. Es *El Evangelio de Acuario de Jesús el Cristo*, publicado en 1908 y debido el médium Levi Dowling (1844-1911) que también afirmó haber tomado toda la información de los registros *akashicos*. Dowling fue un pastor y predicador protestante y capellán en la guerra civil norteamericana. Fue un ferviente luchador a favor de la Prohibición Alcohólica y después simpatizó con el ideario teosófico. A él le debemos que se formule un singular "cristianismo-nueva era" que alcanzará su cima con *Un curso de milagros* sobre el que volveremos más adelante.

Muchos de los postulados actuales de la nueva era sobre la figura de Jesús provienen de esta obra que, además, incorpora elementos astrológicos sobre todo a lo referido al paso de la era de Piscis a la de Acuario. Hay que recordar que en esa época había una gran corriente social profético–apocalíptica debida a la realidad social del momento que ya anunciaba la inminente primera guerra mundial o la brutal crisis económica del "jueves negro". Este libro cuenta una vida de Jesús que difiere a la narrada en los Evangelios y, a su vez, aporta elementos doctrinales protestantes mezclados con el nuevo ideario teosófico.

Debemos recordar que todos los ideólogos de la nueva era, los teósofos, venían de un protestantismo muy militante que mutó en reacciones anti cristianas. Es muy interesante el caso de la mencionada señora Besant, presidenta de la ST, que primero fue ferviente anglicana, después atea que negó la divinidad de Jesús, después participó activamente en todo el ideario teosófico, pasó por el budismo y el hinduismo y terminó su vida convertida al islam.

Pero volvamos a nuestro autor que añade muchas cosas de su inspiración teosófica, como la reencarnación, además de que en su libro podemos encontrarnos con elementos ajenos al cristianismo como son el yoga, o figuras como Brahma o Zaratrusta. Tal vez, debido a los groseros errores históricos que la obra contiene —por ejemplo, Jesús no pudo visitar nunca la ciudad de Persépolis pues fue destruida por Alejandro Magno en el siglo IV antes de él naciera— y posiblemente debido a que hoy hay muchos y más precisos datos históricos sobre Jesús que en la fecha de publicación del libro, lo cierto es que esta obra en la actualidad no es tan conocida, pero su influencia en el ideario de la nueva era fue muy potente y en ciertos sectores aún está muy vigente. Además popularizó aún más el asunto de los archivos *akashicos* y contribuyó fuertemente a cimentar la validación del fenómeno mediúmnico, es decir, se daba más importancia a que el texto "había sido recibido" que al propio contenido del mismo, pues como en tantas otras ocasiones, pareciera que por el mero hecho de que lo escrito proviniera de los registros *akashicos* garantizaba la veracidad del mismo.

Esta idea de que es más importante el carácter mediúmnico de un texto que su propio contenido, sigue estando vigente en la nueva era. Esto explica que libros de bajísimo nivel filosófico o espiritual o que contienen doctrinas y afirmaciones disparatadas, tengan gran crédito y aceptación por el mero hecho de tener un origen canalizado. Así mismo, tampoco se dio entonces ni se da ahora a la trayectoria personal y vital de los médiums ningún valor respecto a lo que dicen ya que, al ser canalizadores, parece ser que este aspecto carece de importancia. Simplemente recordemos que en el pasado la trayectoria vital de un individuo en lo respecta a la ética y a la práctica de la virtud, era llamada la "prueba" de su altura espiritual.

Esta distorsión del cristianismo por parte de Dowling sin embargo quedó implementada en el ideario de la nueva era. Como en tantas ocasiones, el contenido de esta obra queda a una altura espiritual muy baja comparándola con la enorme profundidad espiritual y filosófica de las grandes cimas del cristianismo como santa Teresa, san Francisco, san Agustín, *meister* Eckart o, naturalmente, los propios Evangelios tanto canónicos como apócrifos.

Ahora, para continuar este repaso a médiums más cercanos en el tiempo, pero tremendamente influyentes en el ideario de la nueva era, es imprescindible mencionar al brasileño Trigueirinho.

Trigueirinho y la ciudad de Erks

La repercusión de las obras de Kardec hizo que el movimiento espiritista se extendiera principalmente en América, siendo Brasil, uno de los lugares donde con más fuera se enraizó, tal vez debido a que en las religiones animistas que llegaron desde África a América, el fenómeno espiritista, esta vez expresado con otras formas de posesión, no les resultaba ajeno.

Además de los anteriormente mencionados, hay otro médium inspirador de muchos de los postulados de la nueva era menos conocido. Es Trigueirinho nacido en Brasil en 1931, fallecido en septiembre de 2018 y autor de más de setenta libros.

Él es un auténtico innovador y el primero en hablar de civilizaciones existentes en otras dimensiones e, incluso de ciudades intraterrenas que existen en otra dimensión. La ciudad de Erks en el Cerro Uritorco argentino es una de ellas y posiblemente la más popular dentro del ideario *new age*. La novedad es que el médium brasileño incorpora los más modernos contactos con extraterrestres desconocidos para teósofos y espiritistas ya que en esa época no existía aún el fenómeno ovni. Asimismo vuelca el centro espiritual desde el Tibet teosófico a su América del Sur.

Cuando él escribe la obra *Erks, el mundo interno,* el Cerro Uritorco era ya un reconocido lugar de avistamiento de naves extraterrestres en la época en la que a los seres del espacio se les vinculaba con mensajeros espirituales. Efectivamente, esta es una novedad y un paso adelante respecto a los contactos. En estos años, además de con fallecidos y maestros ocultos, se ha añadido el contacto con seres extraterrestres a los que se les confiere virtudes espirituales y, con Triguerinho, se suma, además, el contacto con seres de otras dimensiones. En la actualidad, según corrientes de la nueva era, esta ciudad, no solo terrestre sino galáctica e interdimensional (sic), está custodiada por atlantes y sacerdotes esenios.

Hay que recordar que el triunfo de atlantes y esenios en el escenario del protagonismo esotérico y ocultista también tiene como fuente, no podía ser de otra manera, el espiritismo. Atlantes y esenios junto a cátaros, druidas y templarios forman la nómina de los grupos preferidos por la nueva era para concederles la posesión de todos los saberes habidos y por haber. Trataré sobre la Atlántida y los cátaros unas páginas más adelante.

El tema de Erks nos viene de un argentino de ascendencia griega llamado Ángel Acoglanis. Este personaje que afirmaba ser terapeuta y haber sido iniciado en el Tibet, decía contactar con los extraterrestres en el Cerro Uritorco, un lugar sagrado para las tribus de la zona, con los que se comunicaba en un idioma precursor del sánscrito y, en base a este contacto, tomó sobre sí el nombre místico de Zarumah. Bajo esta identidad se encontró en Buenos

Aires con Trigueirinho al que comunicó que le conduciría a Erks. A raíz de este encuentro, el autor brasileño escribió su libro en cuyas páginas se afirma, entre otras cosas, que "a Erks ya se han evacuado miles de personas después del terremoto de México" y, asimismo, Trigueirinho identificó al terapeuta argentino con un maestro de la Jerarquía Espiritual.

Hoy Cerro Uritorco es un lugar de peregrinación para amantes de los avistamientos ovnis y ahora la ciudad subterránea de Erks continúa de moda por la importancia que le confieren algunos movimientos de la nueva era actuales muy activos y populares en América hispana. Ni que decir tiene que salvo que se sea un gran iniciado, la ciudad de Erks permanece invisible e inaccesible a los demás.

Trigueirinho funda en Brasil en 1987 un centro donde se difunden sus mensajes y sus obras son traducidas a muchos idiomas. Se considera un continuador de la obra de Alice Bailey y dejó un legado enorme que es fuente de muchos de los postulados más modernos de la nueva era.

Llegaron los
extraterrestres

Fue el siciliano Eugenio Siragusa el que en 1952 es conectado por seres extraterrestres que, en sucesivos y continuados mensajes, le dan una enseñanza espiritual y una misión. Dichos extraterrestres, tanto por fisonomía, bellísimos y hermosos, como por forma de expresión, se acercan al modelo cristiano de los ángeles. Su experiencia es divulgada al mundo a través de unos libros escritos por un periodista que alcanzan una enorme difusión e impacto.

Su sucesor fue Giogio Bongiovanni que empezó a profetizar el Apocalipsis y que se mostraba públicamente con los estigmas sangrantes de Cristo. Decía ser la reencarnación del niño vidente de Fátima y que su misión era revelar el tercer secreto que les confió la Virgen. Realizó varias profecías respecto al fin del mundo en sucesivos años que, obviamente, no se cumplieron. Según pronosticó, Cristo regresaría a la Tierra de nuevo a bordo de un platillo volante.

Pero es el peruano Sixto Paz con su organización Misión Rama el que difunde *urbi et orbi* y con mayor éxito aún, el contacto con los extraterrestres. Sixto Paz contó que, en 1974, con 20 años —también precoz como Blavatsky— y, después de asistir a una conferencia de la Sociedad

Teosófica sobre la telepatía, recibió esa misma noche mediante escritura automática, un mensaje de un ser extraterrestre procedente de Ganímedes. No deja de ser extraño que unos pocos años antes hubiera alcanzado un gran éxito comercial el libro *Yo visité Ganímedes* firmado por Yosip Ibrahim, seudónimo que utilizó José Rosciano. El señor Rosciano proclamó públicamente durante los últimos años de su vida que él pertenecía a una institución esotérica, la Fraternidad Rosacruz, y que había utilizado el tema ovni y la visita a Ganímedes para exponer su propio ideario y conseguir así una mayor difusión pero que toda su obra era fruto de su fantasía. En el citado libro habla desde la historia antigua de la Tierra y sus razas, hasta de Moisés y el Arca de la Alianza y se refiere también a los contactos con seres de la cuarta dimensión además de detallar cómo es la vida en Ganímedes.

No deja de ser singular y sospechoso que Sixto Paz contactase con un extraterrestre precisamente de Ganímedes, el mismo lugar que había utilizado Rosciano para situar su fantasía extraterrestre, fantasía que fue creída a pie juntillas por muchos lectores.

Es Sixto Paz el que, posiblemente influenciado por Trigueirinho que fue el primero en hablar de ello, afirma que sus contactos con los extraterrestres de Ganímedes los hace a través de puertas dimensionales y estelares, un concepto que, desde entonces, alcanza gran predicamento en el ideario nueva era.

Ambos movimientos, el de Siragusa y el de Sixto Paz, hoy día no tienen prácticamente ninguna vigencia, pero en su momento fueron muy populares y su influencia sobre los postulados de sucesivos contactados es todavía muy patente como en el caso de Carroll y Kryon.

Volviendo a Trigueirinho, y según él mismo afirmó, no es propio aplicarle el término médium ya que lo que vive es un "cambio de alma" al modo y manera que es explicado tanto por Bailey como por Blavatsky. Esto se produce cuando "el ser interno de una persona es sustituido por el ser interno de una entidad espiritual superior", es decir, el viejo concepto de posesión que manejó la Iglesia durante siglos, pero esta vez en vez de ser poseídos por entidades malignas, son poseídos por entidades benefactoras.

Alice Bailey y el penúltimo tibetano

Sin embargo, fue la ya mencionada médium británica Alice Bailey (1880-1949) la que estructuró todo el pensamiento de los teósofos y puso en boga el propio término de nueva era. Nacida en Inglaterra en 1880, ingresó en la Teosofía a los 35 años después de separarse de su marido. Solo estuvo allí cuatro años. Al poco tiempo, declaró que un maestro tibetano le empezó a dictar telepáticamente también a ella. Este proceso duró 30 años y dejó escrita una enorme producción literaria de más de veinte obras, algunas muy voluminosas. Nunca quedó clara la razón por la que el maestro tibetano prefería la transmisión de sus obras por telepatía y no las escribía por sí mismo o las dictaba verbalmente a un amanuense. Sin embargo, el contenido de sus obras asientan el ideario básico de la nueva era y muchas de sus creencias tienen en Bailey su origen pues si bien son apuntadas por los teósofos, ahora son desarrolladas con profusión por la médium inglesa que ordena y amplía los postulados ya divulgados por los teósofos. Al igual que Blavatsky, Bailey afirmó que también ella tuvo un encuentro físico con el maestro Koot Hoomi siendo una jovencita. La impetuosa, aventurera, pasional y carismática Blavatsky, es sustituida en la preferencia de los maestros tibetanos para sus dictados telepáticos, por la educada, sencilla, metódica y virtuosa médium británica.

Es interesante observar que Bailey se desligó de sus predecesores pues afirmaba que ella no era médium ni lo suyo era escritura automática pues ella, según decía, recibía lo que iba a escribir de modo telepático de un maestro que al principio solo firmaba como "El Tibetano" aunque luego se supo que su nombre era Dwal Khul. Bailey fundó una escuela esotérica llamada "Escuela Arcana" y la fundación *Lucis Trust* que es la que gestionaba los derechos de sus obras actuando como editorial.

La enorme obra de Bailey abarca un amplio abanico de temas que van desde la astrología hasta el desarrollo de una cosmogonía, sin embargo mantiene los pilares básicos de la teosofía como la reencarnación, *karma,* registros *akashicos,* maestros ocultos, etc. Nuevamente vuelve a ser relevante que su prolífica producción literaria, en cuanto a aspectos espirituales y esotéricos se refiere y, al igual que toda la ingente obra teosófica, resulta muy pobre si se compara, por ejemplo, a la gigantesca figura del coetáneo suyo, el gran Ramana Maharsi (1879-1950). Es curioso que en medio de toda esa vorágine mediúmnica aparecieran también en India personajes de la talla del ya mencionado Ramana Maharsi o de la enorme figura espiritual de Ramakrishna (1836-1886) que coincidieron en el tiempo con todo el fenómeno teosófico.

Otro hecho destacable es que los canalizadores, Bailey es un claro ejemplo de ello, muestran un intenso deseo evangelizador y parecen necesitar de la difusión masiva de sus prolijas comunicaciones en la suposición de que esta actitud reporta algún beneficio para los demás, lo que conlleva su correspondiente recompensa emocional asociada. Es como si el contacto íntimo y personal con sus maestros no les resultara suficiente y necesitasen dar salida a esa apremiante pulsión de dar a conocer sus revelaciones de modo exhaustivo.

Por otro lado, al ser únicamente unos "mensajeros" o "canales", esta condición les aparta de la responsabilidad de asumir, como lo hacen el común de los mortales, sus propias opiniones o creencias con toda su carga de posibles inexactitudes, contradicciones o incoherencias, pues ellos derivan tal responsabilidad a las fuentes magistrales con las que contactan. Del mismo modo así se bloquea también cualquier posible debate o interpelación: ellos son solo escribas.

Con Alice Bailey acabó la línea de receptores de enseñanzas de maestros tibetanos ocultos tan de moda en la época aunque años después aparecería el último de ellos. Fue el famosísimo lama Lobsang Rampa con sus más de veinte libros escritos que alcanzaron una enorme difusión con grandes ventas hasta que se divulgó que era un avispado fontanero británico aficionado a la escritura. Su primera obra El *tercer ojo* llegó a ser un enorme éxito editorial y las aventuras de aquel lama con, como no, grandes poderes psíquicos, se hicieron muy populares.

Ocultismo nazi y la Atlántida

Es bien sabido que el nazismo incluyó en su ideario el ocultismo con el propósito principal de justificar sus tesis racistas. Para ello manipularon aviesamente mitos y leyendas y supieron utilizarlos muy bien para avalar su doctrina.

Dentro de las creencias de la nueva era hay algunos temas que parecen estar sacados del ideario nazi. Uno de ellos es el de la Atlántida.

En el caso de la Atlántida, los únicos textos históricos que poseemos son *El Critias* y *El Timeo* de Platón y, en ninguno de ellos se desprende que esa civilización poseyera ningún tipo de valores fuera de los comunes salvo que era un pueblo próspero y que isla poseía grandes recursos naturales. Al contrario, los griegos los consideran sus enemigos y combaten contra ellos. Según el relato platónico los atlantes intentaron conquistar Atenas y Egipto y los atenienses los derrotaron. En la antigüedad hay también otras breves referencias clásicas a la Atlántida, pero siempre se refieren a las obras de Platón y no aportan nada que no esté ya en ellas. Cuando estos textos narran que la isla de la Atlántida es tragada por el mar, más parece que lo valoran como una suerte de castigo que los atlantes merecen.

Por otro lado, ellos, los atenienses, se consideraban superiores a los atlantes pues, según Platón, solo los reyes de la Atlántida poseían condición de nobleza, en cambio, esa nobleza alcanzaba a todos los atenienses.

Es bien cierto que varios miembros del Romanticismo habían tomado la Atlántida como un referente ideal similar a la Utopía de Tomas Moro; en el ámbito literario tenemos a Julio Verne en su obra *Veinte mil leguas de viaje submarino* (año 1869) que describe el encuentro de los protagonistas con las ruinas submarinas de la Atlántida. En su momento, fue también muy apreciado el libro *Atlántida, el mundo antediluviano* (año 1883) del escritor y congresista estadounidense Ignatius Donnely. Otro escritor interesado en el ocultismo, Edouard Schuré[1] se sumó a esta corriente y escribió un libro sobre los continentes perdidos de Atlántida y Lemuria donde deja correr su creatividad para hablarnos de aquellas civilizaciones, si bien no apeló a ningún mediumnismo si no a su propia inspiración. Pero fuera de estas referencias literarias ¿de dónde procede esa predilección de la nueva era por este mito en concreto?

Nuevamente es la señora Blavatsky la que pone la Atlántida en un lugar de privilegio dentro de los saberes esotéricos. En su obra *Las estancias de Dzyan* menciona el

---

1. Otro libro de Schuré, *Los grandes iniciados* se convirtió en un referente ocultista y esta obra es la que pone en el ideario nueva era a los esenios a la vez que sitúa a Jesús en un contexto parecido al que utilizó Dowling en *El evangelio acuario* ya mencionado.

"Libro de Dzyan" una obra escrita en la "lengua sagrada de Senzar" por un enigmático pueblo antiquísimo y que según ella se conservaba en el Tibet. Posteriormente se demostró que Blasvatsky en realidad cometió plagio al copiar varios fragmentos del *Himno de la Creación del Rig Veda* en su libro sin citar la fuente.

En su obra, la vidente rusa nos cuenta que la Atlántida era una civilización con un elevado nivel tecnológico y espiritual. Y es este libro la base para sus monumentales obras *La doctrina secreta* e *Isis sin velo*. A partir de ello, los idearios teosóficos aceptaron esta aseveración, si bien es cierto que los numerosos acusadores de fraude que Blavatsky tenía, demostraron que ciertos pasajes suyos sobre la Atlántida ya se leían en el libro del mencionado Donnely. No fue la única referencia a la Atlántida en su obra; en la *Doctrina Secreta* afirma que los atlantes son una raza, la quinta en la Tierra, de gigantes y que su dominio tecnológico se debía al empleo de la "energía cósmica"; a esta raza de los atlantes le sucede la raza aria con iguales características de inteligencia y espiritualidad. Naturalmente los nazis tomaron nota.

Fue en 1922 cuando se publicó *Atlantis: Die Urheimat del Arier (Atlantis: el origen de los arios)* de Kart George Zschaetzsch. Esta obra fue un enorme éxito en Alemania y un referente en la ideología racial nazi pues ya el nazismo estaba apuntalando sus bases ideológicas basadas en el racismo y en el ocultismo. Rosenberg, el ocultista nazi, y Himmler lo creyeron a pie juntillas y el resultado fue el nacimiento de la *Ahnenerbe* o "Sociedad para el estudio de la herencia ancestral germana" que se encargó de difundir el ideal atlante y su pretendido misticismo. El mito se apuntaló con la edición en 1926 de *The history of Atlantis* del prolífico escritor y ocultista escocés Lewis Spence de gran influencia entre los nazis.

Edgar Cayce, "el profeta durmiente"

Pero es el médium estadounidense Edgar Cayce (1877-1945) el que, apelando a sus dotes de mediumnidad y videncia, aparentemente dicta unos textos en los que concede a la Atlántida esa misma patina entre espiritual y esotérica que, a partir de él sobre todo, alcanza un gran predicamento popular. Asimismo, vincula la Atlántida con el antiguo Egipto y asegura que debajo de la Esfinge existe una cámara secreta con archivos de esa civilización. Según este vidente, los atlantes tenían unos cuarzos entre los que sobresalía "El Gran Cuarzo" y sus avances tecnológicos se basaban en el uso de dichos cristales. Sabiendo que su isla se iba a hundir en el mar, unos pocos sabios atlantes se marcharon de la isla rumbo a Egipto y allí guardaron su legado bajo la Esfinge.

Por cierto, Cayce difiere de los teósofos o del autor del *Evangelio de Acuario* en la idea de los registros *akashicos*. Él también los consulta, pero no coincide, ni en fondo ni en forma, con los postulados de los teósofos. Cayce, que también nos dejó numerosas profecías, aseguró en una de ellas que la Atlántida emergería frente a las costas de Florida en el año 1968; asimismo predijo que la cámara situada bajo la Esfinge se descubriría antes del año 1998… Este devoto cristiano protestante miembro activo de la congregación de "Los discípulos de Cristo", fue llamado "el profeta durmiente" y es uno de los casos más curiosos e interesantes dentro de la fenomenología paranormal, sobre todo, dentro del ámbito de la sanación.

Brevemente diremos que Cayce hacía sus "lecturas" en un estado de sueño profundo que requería que alguien tomase notas de lo que decía, pues él, al despertar, no recordaba nada de lo dicho. Bien cierto es que al principio solo se dedicaba a la sanación y que no quería saber nada de todo lo vinculado a lo esotérico pero, pasado un tiempo, empezó a narrar vidas pasadas de los pacientes y a proferir profecías o, al menos, eso es lo que aseguraban las personas que lo rodeaban y escribían sus palabras, pues él, repetimos, no se acordaba de nada al salir de su sueño.

Todo empezó cuando en 1923, Arthur Lammers, un rico impresor, convenció a Cayce de que además de lecturas"- sobre la salud, empezara a hacerlas sobre temas metafísicos y esotéricos. Lammers era ferviente teósofo y defensor de la creencia de las vidas pasadas. Fue precisamente a partir de ese momento cuando las lecturas de Cayce se empezaron a registrar metódicamente.

La primera vez que Cayce oyó de Lammers que él había hablado de vidas pasadas no le creyó y consultó lo que había escrito el taquígrafo poniéndolo en duda. Pero las lecturas metafísicas siguieron y de tal tamaño fue la información que se recogió a partir de entonces sobre la Atlántida, —ya Cayce era muy conocido y había a su alrededor un movimiento muy sólido y organizado que terminó en una fundación y en la publicación de más de veinte libros— que se publicó toda una obra completa bajo el título de *La Atlántida*. También, el tema de las vidas pasadas, empezó a tomar un enorme protagonismo en las lecturas.

Cayce, siempre según los que posteriormente registraban sus palabras, no deja sin tratar ningún tema del ideario teosófico. Así, la Fundación de Edgar Cayce (ARE) publicó obras como: *Reencarnación; Vidas pasadas; Auras; Piedras y Cristales; Canalizaciones…*

Sin embargo, apareció una duda: ¿y si aquellos escritos de la Atlántida, *akashicos*, auras, etc., no se debieran a él sino que fueran confeccionados por los que los registraban liderados por Lammers o por su propio hijo? Al fin y al cabo, Cayce no se acordaba de nada y sus fuertes creencias cristianas no coincidían con lo que supuestamente revelaban sus lecturas.

Sus biógrafos destacan tanto la honestidad del señor Cayce —siempre se negó a cobrar por sus consultas—, como sus limitaciones, por ejemplo no fue capaz de curar a su propio hijo recién nacido que murió. Sin embargo, atendió con éxito a miles de personas con problemas de salud durante su vida. Pero sobre sus lecturas esotéricas la sombra de la duda prendió muy rápidamente. De hecho, él mismo fue el primero en dudar de todo aquello. Pero no su hijo Hugh Lynn Cayce presidente de ARE durante muchos años, que quedó muy satisfecho cuando en una de las lecturas de su padre, concretamente la de la Última Cena en la que describía desde el aspecto físico de Jesús hasta la composición de los platos, se reveló que él estuvo allí pues en una vida pasada fue uno de los apóstoles.

La abundantísima literatura de Cayce ha tenido una enorme repercusión en el ideario de la nueva era. Además, aportó un nuevo elemento de contacto: si empezamos el primer contacto con fallecidos, después con maestros, a continuación con extraterrestres y, más tarde, con seres de otras dimensiones y ángeles, Cayce no conecta con ninguno de ellos, él conecta con su "yo superior".

Nazis, cátaros y el otro grial

Otra aportación del nazismo al ideario ocultista de la *new age* fue el de atribuirles a los cátaros la posesión de saberes esotéricos y, sobre todo, el de vincularlos con el mito medieval del grial. Se sabe perfectamente que los cátaros eran un grupo religioso de creencias básicamente maniqueas, de carácter apocalíptico y que, desgraciadamente, fueron víctimas inocentes de los poderes e intereses del rey de Francia y el Papa de Roma. Pero sus supuestos saberes no diferían del ya sobradamente conocido ideario gnóstico y maniqueo; respecto a su vínculo con el grial fue otro de los delirios nazis.

Efectivamente fue Otto Rahn, un *oberstumfuher* de las SS el que escribió dos libros al respecto: *Cruzada contra el grial* (publicado en 1934) y *La corte de Lucifer* (publicado en 1937). Rahn llamó la atención de Himmler, cuya fascinación por el ocultismo iba de la mano de su propósito de utilizar los mitos arios para manipular al pueblo alemán con fantasías y mentiras. Y si había un mito que sobresalía sobre los demás era el del grial.

Naturalmente cualquier persona medianamente culta sabía que el grial era una leyenda cristiana asociada a san Lorenzo, que narraba su llegada a España y a que después de hacer un recorrido por diversos lugares del Pirineo de

Huesca y de su estancia en San Juan de la Peña, llegaba a Valencia. Todo el mundo podía ver en un capitel de la catedral de Jaca como el Papa Sixto II entregaba la reliquia al santo aragonés. Entonces y hoy, esta copa está expuesta a la veneración de los fieles en la catedral de Valencia. Estos episodios datan del siglo III y, mucho tiempo después, en los siglos XII y XIII, es cuando empiezan a aparecer los primeros textos literarios con el mito del grial como protagonista: *Perceval o el cuento del grial* del francés Chretien de Trotes; el poema *José de Arimatea* del también francés Robert de Borón o el más popular *Parsifal* del bávaro Wolfram von Eschenbach publicado en 1215.

A pesar de todo esto que con seguridad Himmler sabía, este ordena a Rahn encontrar el grial. Rahn había explicado a Himmler que el grial no era una reliquia cristiana sino unos anales sagrados en escritura rúnica que contenían grandes secretos ocultistas. Sin embargo a Himmler le gustaba más la idea del grial mágico capaz de conferir a sus poseedores enormes poderes y, tal vez, la inmortalidad. En 1936 Rahn entra en las SS a pesar de no disponer del certificado de pureza racial. Años después Rahn, que ocultó en los círculos de las SS por seguridad su condición de homosexual, escribe a un amigo lo siguiente: "Necesito comer, ¿qué esperabas que hiciera?, ¿decirle que no a Himmler?".

Los nazis llevaban un tiempo buscando elementos míticos —incluidas reliquias— que justificasen la difusión de su nuevo credo ario. Según su ideario, ciertas reliquias podían proporcionarles "poder". Es en pleno auge de estas ideas, cuando el joven Otto Rahn escribió su obra *Cruzada contra el Grial* que despertó la atención de Himmler, apasionado por el ocultismo.

Pero el origen de esta sorprendente relación grial-cátaros está en Francia. Antoine Gadal, nacido en 1877, publicó un libro llamado *Por el camino del Santo Grial.* En esta obra afirmaba que su "intuición mística" le decía que los cátaros poseían conocimientos espirituales superiores y que tuvieron el grial. Hasta ese momento, nadie había supuesto que los cátaros fueran algo más que unos pacifistas apocalípticos de creencias maniqueas que tuvieron la mala fortuna de estar en el peor lugar posible, en el peor momento posible y frente a los peores enemigos posibles. Gadal también afirmaba que la tierra cátara era sagrada; él había nacido allí.

Otto Rahn se inspira en la obra de Gadal, pero él aún va más lejos y encuentra asociaciones satisfactorias para justificar el supremacismo ario. Inmediatamente Himmler ordena una expedición capitaneada por Rahn hacia las tierras cátaras. Su guía será Gadal. La relación de Gadal con los nazis no despertó simpatías en Francia salvo en círculos afines al nazismo. Pero Gadal no se queda atrás y termina afirmando que él era el último miembro de una Fraternidad Cátara y que poseía valiosos conocimientos iniciáticos. Estas afirmaciones de Gadal, no solo llamaron la atención de los nazis, también despertaron el interés de unos hermanos holandeses que en 1935 fundaron la Rosacruz de Oro que difundió entre los numerosísimos círculos esotéricos que existían en aquella época, la idea de un catarismo esotérico vinculado a la reliquia del grial. La aceptación de esta afirmación deja en evidencia el pobre nivel que ese momento tenían los susodichos círculos esotéricos.

Pero una cosa era inventar mitos que asociasen a los cátaros con el grial y otra tener que ir a buscarlo para presentar a Himmler algo para que este pudiera "venderlo" como el verdadero grial ario. Lo primero fue, obviamente, partir de la premisa de que los cátaros tenían el grial antes de esconderlo. Como Rahn, presionado por Himmler y por su propio miedo a defraudar las expectativas nazis, carece de ninguna base histórica ni siquiera mítica que avale su propuesta salvo las fantasías de Gadal, la inventa y crea de la nada la leyenda de que durante el asedio de las tropas cristianas al castillo de Montsegur, unos cátaros huyen llevándose el grial que esconden en unas cuevas cercanas.

Rahn cometió un error grosero al referir que, además del grial, los cátaros escondieron un tesoro. Obviamente él, un estudioso del catarismo —o al menos así se presentó ante Himmler— sabía que por sus estrictas creencias, los cátaros jamás hubiesen tenido un tesoro físico.

Ellos se mantenían y vivían con lo mínimo en forma ascética y consideraban la materia como todo origen del mal. Por el mismo motivo es prácticamente imposible que hubieran sentido afecto hacia ninguna reliquia de las que otros grupos de creencias similares —bogomilos, valdenses, etc.— también aborrecían.

No olvidemos que precisamente el tráfico y posesión de reliquias era algo que generaba en aquella época muchas prebendas y beneficios a iglesias y monasterios, una actividad que aquellos grupos de cristianos "puros", detestaban. Así mismo, es muy probable que considerasen la leyenda del grial de san Lorenzo como una invención de Roma.

También para el nazismo era obvio que la Iglesia católica no podía estar en posesión del grial verdadero, en cambio los pobres y masacrados cátaros, inocentes víctimas del Papa de Roma, eran unos excelentes candidatos para estar en posesión de tan poderosa reliquia. Pero ni con *La cruzada contra el grial,* ni con *La corte de Lucifer* Himmler queda satisfecho: unos libros no son suficientes. Si Rahn tiene que ofrecer resultados a Himmler, Himmler tiene que mostrárselos a Hitler. El final de la historia la sabemos, Rahn no encontró ni el grial ni los anales, fue mandado a servir como guardia al campo de concentración de Dachau, después de aquella experiencia entró en depresión, abandonó la SS y terminó suicidándose en Austria en 1939. Otto Rahn había empezado a perder crédito a medida que Hitler pedía resultados, además la SS descubrió que era homosexual y lo "invitó" a acabar con su vida como así hizo.

Aun hoy, muchas personas suben hasta la fortaleza de Montsegur en la creencia de que allí estuvo el grial. Así lo afirmaron un visionario francés apegado a su tierra y un joven nazi atormentado. Como tantas veces ocurre con el pseudo esoterismo contemporáneo, todo lo demás consistió en repetir lo que otros habían dicho sin la más mínima verificación del origen de esa información. Pero en el ideario ocultista prendió la idea de un catarismo en posesión del grial y esa llama, sorprendentemente ha sido mantenida hasta hoy. Fue en 1940 cuando Himmel visitó Montserrat —su nombre recordaba a *Montsalvat,* el legendario castillo griálico— y con aquella visita, el nazismo perdió su interés por el grial.

Después de la decepción griálica, Himmler volvió su mirada hacia el Tibet, esta vez a la búsqueda de ancestros arios y de lamas con poderes superiores. No en vano, Blavatsky y el ideario teosófico afirmaban que en este país habitaban los maestros. Si el grial se había resistido a los nazis, tal vez podían encontrar a enigmáticos lamas con poderes que sirvieran a la causa de la raza aria.

Así, los nazis enfocaron todos sus esfuerzos en encontrar en el Tibet —Hitler siempre había apostado más por el Tibet que por el grial— pruebas del origen mítico de los arios y su vínculo con los atlantes como habían sostenido los teósofos que situaban en esta región la sede de los maestros desconocidos poseedores de grandes poderes psíquicos y que con seguridad eran arios. Liderados por Ernst Sachäfer una expedición nazi marchó en 1938 al Tibet. Más allá de reportar las mediciones antropométricas a tibetanos que ni eran rubios ni tenían los ojos azules y de verificar que, efectivamente, el símbolo de la esvástica era utilizado en aquellas tierras desde antiguo, no volvieron con nada que sirviera al ideario nazi ni a sus elucubraciones de arios y atlantes.

Pasado hoy más de medio siglo de la matanza de los judíos a manos de los nazis, todavía resulta inquietante leer lo que los maestros dictaban a Blavastky sobre las razas y la superioridad de unas sobre otras, especialmente la de los arios destinados a convertirse en superhombres.

Los "índigo": los niños superiores

Esta idea de superioridad mutó de la supremacía por mor de la raza a otra forma de supremacía, esta vez, individualizada y asociada al color del aura. De este modo, más recientemente, se empezó a popularizar la idea de los "niños índigo", que supuestamente nacen con ese color de aura distintivo y que, naturalmente, poseen cualidades superiores que los distinguen de los demás.

El origen de esta creencia está en un libro publicado en 1982, *Understading your life through color,* de Nancy Ann Tape y posteriormente en la canalización por parte de Lee Carroll de un extraterrestre angélico llamado Kryon que llegó a hacerse muy popular. Carroll publicó en 1999 *The Indigo Children,* obra que divulgó el fenómeno de los "índigo" entre los devotos de la *new age.* Carroll-Kryon reproduce a la perfección y paso a paso, el modelo de canalización de la nueva era, llegando a publicar numerosos libros.

Volviendo a los "índigo", su peculiaridad es que *se sienten diferentes a los demás y son muy espirituales* y, desde luego, también recuerdan vidas pasadas o son muy sensibles a las energías, entre otras virtudes que les caracterizan. Algunos de ellos, también precoces como Blavatsky, ejercen en la actualidad de *gurús* cumpliendo todo el catálogo de la *new age*, o sea, desde acceder a registros *akashicos*, hasta conectar con otros seres; es decir, una repetición de lo ya conocido. De nuevo las enseñanzas de estos "gurús índigo" o del mencionado Kryon quedan a un nivel muy por debajo de los grandes maestros espirituales tradicionales.

No son pocos los textos *new age* que hablan de estas personas como pertenecientes a una raza superior si bien aún está por definir quién los identifica y cómo a estos "seres superiores". Ni que decir tiene que muchos psicólogos ya han advertido sobre lo que puede significar para su vida futura que a un niño desde bien pequeño se le asigne la condición de ser diferente a los demás porque ha nacido superior.

De los "superiores desconocidos" a los *Illuminati*

El otro punto de coincidencia entre el nazismo y la teosofía era la de creer en la existencia de un grupo de maestros ocultos que gobernaban a la humanidad. Los nazis los llamaron "los superiores desconocidos". En la teosofía esos maestros, algunos con cuerpo físico, pertenecían a una hermandad que tenía el objetivo de guiar positivamente a la humanidad buscando su beneficio. Dentro de esta intención se enmarcaría el hecho de que buscasen conectar con personas adecuadas a las que pudieran transmitir sus enseñanzas. La idea de los nazis respecto a sus superiores desconocidos no sabemos exactamente en qué consistía, si bien parece que la presencia de esos seres "causaba un gran temor", lo cual, referido a los nazis, no deja de ser también muy inquietante.

Curiosamente, en el desarrollo del ideario de la nueva era actual aparecen también una cofradía de individuos que se asemejan mucho a esta hermandad teosófica pues permanecen ocultos y tienen poderes, salvo en el hecho de que su actividad tiene un objetivo contrario a la Hermandad Blanca: su intención es dominar y esclavizar al ser humano. Actualmente a este grupo maligno se les denomina *Illuminati,* iluminados. El novelista Dan Brown en sus aclamadas obras elige a esta sociedad secreta de los "Iluminados de Baviera" nacida en 1776, para señalarla como la responsable de todos los males habidos y por haber. No era la primera vez que este grupo aparecía en la literatura pues ya protagonizaron también la trilogía *Illuminatus* de R. Anton Wilson y R. Joseph Shea, ganadora del premio Prometheus a la mejor obra de fantasía. Tal vez se deba su mala fama a que las autoridades católicas les acusaron en su momento de ser instigadores de la Revolución Francesa. Sin embargo, sabemos que estas acusaciones por parte del catolicismo a cualquier cofradía de este tipo, todas nacidas en el protestantismo, fueron muy comunes. Valga el ejemplo de la masonería, vilipendiada tanto por la Iglesia católica como por las dictaduras bien de derechas, bien de izquierdas. También sabemos que los "Iluminados de Baviera" no fueron la única y ni siquiera la más importante de estas cofradías que proliferaron mucho en la Europa de los siglos XVI, XVII y XVIII.

Resulta curioso que hoy, debido a este vínculo maldad–iluminados, esta palabra haya adquirido connotaciones peyorativas. Antes de esto, la palabra iluminado tenía un sentido de dignidad y respeto. Baste recordar que Buda significa "iluminado" o "despierto". En la Tradición, la iluminación era el resultado de alcanzar un alto nivel espiritual; hoy es una palabra que adquiere el significado de individuos que dedican su vida a planificar el mal de los demás reunidos en conventículos secretos en donde practican sexo desaforadamente y comen niños mientras se reparten el poder del mundo. Pero con esto entramos de lleno en el tema de las conspiraciones que requeriría otro libro solo para desentrañar esa mezcla oscura de mentiras, fantasías y manipulaciones, y en los que, inopinadamente, se hicieron populares unos malvados reptiles extraterrestres compinchados con los *illuminati*. En fin.

Pero volviendo a los maestros o guías ocultos, basta con ver el fruto de esos contactos o canalizaciones para observar su nivel y, sobre todo, su inutilidad. Todo lo que aportan dichos discursos son ideas copiadas o mezclas de doctrinas tomadas aquí y allá que muestran un bajo nivel intelectual y espiritual cuando no son simplemente disparates. Pero lo principal es que no aportan nada relevante a lo ya dicho por maestros vivos.

¿Para qué sirven sus discursos ante la potencia de sabiduría de muchas personas que habitan o que han habitado en carne y hueso entre nosotros? La pregunta se responde sola. La presencia de la enorme obra de maestros y sabios vivos, del pasado y el presente, anula y deja en entredicho el contenido de los pretendidos contactos. Además de Buda, Jesús o Mahoma, tenemos a santa Teresa, Ibn Arabi, Maimónides, Sankara, Ramana, *meister* Eckart, Fattar, Lao Tsé, Bodhidarma, Plotino, Huineng, Patanjali, Ramakrishna, el propio Krishnamurti... la lista es enorme.

La obra de solo uno de ellos está a una altura que estos supuestos maestros se muestran incapaces de alcanzar ni por asomo. Si un maestro de otra dimensión habla, al menos se espera que diga algo que esté a la altura de esa elevada condición y además se espera también a que refiera algo superior a la herencia que ya nos han dejado los antes mencionados. Herencia que, a todas luces, es de un nivel muy superior a los discursos de esos pretendidos maestros.

¿Qué sentido tiene que estos maestros comuniquen cosas que no solo no elevan el nivel de lo que tenemos sino que además no aportan nada? Tampoco me parece de valor el argumento de que estas obras canalizadas ponen a disposición ideas más fáciles o más digeribles. Esto implica la aceptación de un procedimiento que traiciona la propia naturaleza del conocimiento que nos exige empezar a subir a su altura y no bajarlo a un nivel en el que me sea más fácil y cómodo su acceso. El bajo rango intelectual, filosófico y, sobre todo espiritual de estas obras y mensajes canalizados los delata.

Recordemos el dicho taoísta: "si comparamos un jade con un guijarro, el guijarro pierde". Teniendo jades no nos hacen falta guijarros. En realidad estos contactos son la cara de la ignorancia y de la confusión pero es bien cierto que distinguir entre la piedra y el jade ya representa un primer paso en la vía del conocimiento.

Los libros "canalizados":
Un curso de milagros

Dentro de las actualizaciones de la nueva era, *Un curso de milagros* significó la incorporación a este movimiento de otro paquete ideológico muy vinculado a creencias de fuerte calado de cristianismo protestante, especialmente de la iglesia de la Ciencia Cristiana, con el añadido de algunos conceptos tomados del gnosticismo y del judaísmo.

Además, significó la incorporación de un tipo de pensamiento que triunfó en Estados Unidos en la época de la gran depresión de 1929 y que se conoce como "nuevo pensamiento" que es el que, en mi opinión, ha permitido que este libro alcance la difusión y la aceptación popular de la que goza hoy.

Sobre este tema hablo un poco más adelante aunque hay que decir rápidamente que el origen de la hoy extendida "ley de atracción" y otras ideas similares estaba en este nuevo pensamiento cuyo principal divulgador fue W.W. Atkinson.

UCDM se debe a la psicóloga Helen Schucman fallecida en 1981 y también es producto, en principio, de una canalización. Sin embargo, fue el psicólogo clínico Kenneth Wapnick, el que difundió la obra convirtiéndose en su editor y creando la Fundación para Un Curso de

Milagros que es la que tuvo sus derechos intelectuales, derechos que hoy están liberados. Wapnick es autor de otros libros como *Forma frente a contenido: sexo y dinero; La sanación de la mente; Los 50 principios del milagro de Un curso de milagros; El perdón y Jesús; Una introducción básica a Un curso de milagros;* y así hasta más de 20 títulos vinculados al ideario de UCDM. Pero si bien se sabe que el doctor Wapnick, fallecido en 2013, intervino en la redacción final de la obra, no está claro, hasta donde llegó su aportación ni en cantidad de texto ni en lo referente a su contenido intelectual.

Wapnick, judío de nacimiento, tenía una fuerte devoción cristiana que le llevó a ingresar en un monasterio y a punto estuvo de convertirse en monje. Él mismo contó que en Jerusalén logró conciliar el judaísmo con el cristianismo y que cuando conoció las canalizaciones de Helen Schucman se dio cuenta de que podía aunar sus aspiraciones espirituales con su condición de psicólogo para unir ambas en el tratamiento de sus pacientes.

A él se debe el concepto de "psicoterapia espiritual" con la que se refería a UCDM. Para la elaboración de la enorme obra de más de 700 páginas, Helen Schucman recibió la colaboración de otro colega psicólogo llamado William Thetford que la invitó a tomar notas respecto a las "voces" que a veces escuchaba. Ambos estuvieron muy unidos en todo el proceso del "dictado de la voz". La primera edición de la obra fue en 1976 y muy pronto recibió una entusiasta bienvenida entre miembros de las iglesias evangélicas y entre los numerosos seguidores de la corriente nuevo pensamiento. El apoyo que recibió el UCDM del popular e influyente programa televisivo de Oprah Winfrey fue definitivo para lograr su difusión popular. Esto mismo ocurrió años después cuando Oprah Winfrey también publicitó y difundió en su programa el libro *El Secreto*.

De Estados Unidos pasó al resto del mundo sobre todo a través de las distintas iglesias evangélicas de Centro y Sudamérica entre las que ocasionó un gran debate a favor y en contra entre sus miembros hasta que llegó a la nueva era. Este vínculo con el cristianismo se debe al hecho de que, según afirmación de la propia autora, la voz interior que le dictaba era la del mismísimo Jesús de Nazaret.

Helen había vivido ya episodios de "voces", "luces" y "sueños", y esto hizo que acudiera para asesorarse al centro que dirigía el hijo del famoso vidente y canalizado Edgar Cayce. Por su parte, su colega William Thetford estaba muy relacionado con la iglesia de la Ciencia Cristiana. Este personaje es clave en la redacción del libro. En una entrevista declaró que "ambos teníamos una misión conjunta (la redacción del libro) aunque yo no escuchase las voces. Helen escuchaba el dictado interior pero era incapaz de transcribir el material directamente". El corpus ideológico y las creencias de la Iglesia de la Ciencia Cristiana se perciben claramente en el ideario de *Un curso de milagros*. Precisamente la gran aportación de UCDM respecto al nuevo pensamiento de Atkinson y, lo que en mi opinión impulsó su difusión, es que a los principios laicos que este presentaba, se le añadía un soporte espiritual. Son precisamente las aportaciones del antiguo pensamiento gnóstico cristiano el que resultó revolucionario para sus lectores. Valgan por ejemplo la idea de una "mente universal" o que de este mundo es irreal y es producto de nuestra mente. Son también gnósticas las ideas de que no existe pecado ni culpa y, por tanto, nada de lo posteriormente asociado a estos conceptos, aunque son las creencias del ideario de la iglesia Ciencia Cristiana las que forman las bases principales de las que bebe UCDM.

Ya Mary Baker Eddy (1821-1910), fundadora de la iglesia Ciencia Cristiana dijo: "No hay vida, verdad, inteligencia ni sustancia en la materia. Todo es mente infinita y su manifestación infinita, porque Dios es Todo en todo. El espíritu es verdad inmortal, la materia es error mortal… el espíritu es Dios y el hombre es su imagen y semejanza; por lo tanto el hombre no es material, es espiritual". Esta es la tesis que sostiene el ideario del nuevo pensamiento, de UCDM, de *El Secreto* y otras obras afines: con la mente se puede acceder a todo lo que deseemos en el ámbito de lo material, desde la abundancia económica hasta la salud o el encontrar la pareja ideal. Además si esto se consigue, estamos agradando a Dios, pues él quiere eso para nosotros. Si no lo conseguimos es que estamos haciendo algo mal.

Hay que recordar que toda la obra está en clave cristiana, temas como el Segundo Advenimiento, el Juicio Final, el Espíritu Santo, la creación, el pecado, Cristo, etc., están presentes en todo el texto, es decir que un lector que no posea estas claves o que no las maneje culturalmente no puede acceder a los posibles beneficios del libro. Es un libro cristiano para un público cristiano. Naturalmente, esa idea de Dios–mente y de que no existe una realidad material no es nueva y aparece mucho más elaborada y con más contenido filosófico y espiritual en el famoso *Poimandres,* obra de gran influencia en el gnosticismo. Por su parte, en el budismo existe la idea de que este mundo es *maya,* es decir, ilusorio y en el hinduismo, especialmente en el Vedanta, hay numerosa literatura y enseñanzas en torno a este principio.

El término "milagros" incluido en el título ya muestra las promesas que ofrece el libro a todos aquellos que completasen los ejercicios propuestos durante 365 días que se deben realizar después de leer el voluminoso texto. El resultado es, nada más ni nada menos, que poder solucionar cualquier problema económico, de relaciones o de salud. Eso sí, se deben seguir escrupulosamente los ejercicios y la mente no debe de albergar ninguna duda sobre la consecución de los objetivos. Si algo falla, no se debe a que el método no sea eficaz, sino a una falta de competencia o fallo en la ejecución de los ejercicios por parte de los practicantes.

Volviendo a la iglesia de la Ciencia Cristiana esta enseña a sus practicantes a ser "sanadores cristianos" pues su fundadora descubrió "la ciencia de la curación cristiana" en 1879. Ese tipo de sanación no es solo física, sino que es capaz de sanar cualquier otro aspecto de la vida siendo capaz de realizar auténticos "milagros" de cara a los que no conocen ni practican esta ciencia.

Helen Schucman decidió ocultar su participación en UCDM hasta que, a su muerte, fue revelado su nombre. Unos dicen que esto se debió a su humildad, otros a que ella misma dudaba de sus voces y que, en realidad no estaba convencida del resultado de la obra ni de sus consecuencias y, por otro lado, a que las voces podían deberse al trastorno de depresión psicótica que sufría y de la que era tratada. Fuera como fuese, murió de cáncer en 1981.

Hoy, la opinión más común es que la obra es el resultado de las voces de Helen Schucman, de la recopilación, ordenamiento y redacción de Thetford y de la posterior edición de Wapnick con las propias aportaciones doctrinales y de creencias personales de estos últimos especialmente de Thetford. La estructura de la obra en forma de curso con su propio libro de ejercicios muestran que el UCDM tiene una intencionalidad didáctica y un propósito de mayor alcance que una mera obra de autoayuda.

Es evidente que cualquier opinión sobre una obra canalizada parte de la premisa de que el fenómeno de la canalización es real y, una vez aceptado este hecho con todo lo que ello plantea, implica aceptar también que ese canalizador en concreto reúne las condiciones de fiabilidad que para un caso así —nada más y nada menos que canalizar a Jesús de Nazaret— deberían ser requeridas. Basta leer los Evangelios para que resulte insólito y hasta surrealista creer que Jesús precise dictar a través de una psicóloga canalizadora un curso dividido en lecciones diarias.

Respecto a las prácticas y ejercicios que contiene, es evidente que eso solo puede ser valorado individualmente pues depende de los beneficios que los practicantes puedan obtener o no según su propia apreciación, en qué medida los obtienen y si a través de sus prácticas se alcanzan mayores y mejores resultados que con otras.

Visto lo que se conoce sobre UCDM y sobre sus tres protagonistas, comparto la idea mayoritaria de que, además de las canalizaciones de Helen, están muy presentes los idearios de los dos psicólogos mencionados; por otro lado, resulta evidente que hay mezcladas distintas fuentes doctrinales que hacen que el texto, desde mi punto de vista, no contenga desde una perspectiva espiritual ninguna aportación ni de interés ni nueva no conocida anteriormente. Sobre si es una terapia efectiva o no, esta respuesta debería quedar en manos de los psicólogos.

Hay que resaltar que en la actualidad UCDM tiene fervientes, activos y entusiastas defensores que lo consideran casi un libro sagrado ya con su propia hermenéutica.

Del UCDM han nacido numerosos divulgadores del método que ofrecen sus propios cursos e interpretaciones junto a aplicaciones para distintas áreas como la sanación o como aval para grupos motivacionales o de *coaching* en torno a la abundancia, el bienestar o incluso como forma de terapia única. Desde estas plataformas y cursos se proclaman las numerosísimas virtudes del método y los incalculables beneficios que aporta por lo que su número de seguidores es alto especialmente en Centroamérica y

Sudamérica donde las iglesias evangélicas tienen gran presencia. Por otro lado hay otras voces también numerosas, principalmente desde el ámbito de la psicología, que consideran UCDM como especialmente peligroso por las secuelas psicológicas que deja en sus seguidores a medio y largo plazo. Ese peligro lo basan en que sus practicantes pierden el contacto con la realidad y que la mayoría de las personas que lo practican, después de que la ilusión se difumine, se procuran altas dosis de frustración al no conseguir sus metas de salud, enriquecimiento, bienestar, relaciones sanas, etc. Incluso algunos consideran UCDM tan peligroso como una secta tóxica aportando testimonios de personas que narran los efectos nocivos que para su salud psicológica les provocó seguir el curso durante años.

La polémica está servida. Desde mi punto de vista este debate ya se inició hace tiempo; UCDM es otro elemento más que añadir —un elemento muy potente y atractivo— al conjunto de nuevas doctrinas que buscan diseñar una nueva ideología que sustituya al *establishment* de las religiones y filosofías reinantes, incluido lo referente a la salud física y mental.

Sin embargo nos falta saber si esta neo religión solo busca sustituir, en términos de dominio, control, poder y económicos, a las ya caducas estructuras actuales utilizando también su propia manipulación, falsedad e ineficacia. Estaríamos ante una historia bien conocida: la del falso rey que derroca al falso rey.

Los libros "fabricados": *El Secreto*

"No son las cosas que nos pasan las que nos hacen sufrir, sino lo que nos decimos sobre esas cosas".

Epicteto

Este axioma proveniente de la sabiduría antigua hoy ha sido olvidado ante la prevalencia de nuevas doctrinas que, cuando menos, se puede afirmar que descansan en la arrogancia y la ignorancia. Como excepción, esta no es una obra mediúmnica, pero ha sido tal su influencia en la nueva era que es indispensable dedicarle unas líneas.

El triunfo comercial de este libro y su "secreto", puso de moda la idea de que el ser humano puede "decretar" para que en su vida ocurra aquello a lo que aspira. Si la aspiración es o no legítima, si está alineada o no con lo justo y lo correcto y, sobre todo, si esa aspiración proviene o no de los deseos o aversiones del ego, de la ignorancia, del miedo o de la acumulación de comprensión defectuosa, resulta algo irrelevante.

Además, la misma doctrina nos recuerda que el decreto puede servir para cualquier cosa; desde acceder a la abundancia, es decir, la posesión de bienes materiales; hasta para encontrar la pareja ideal y, de nuevo, si la abundancia no llama a tu puerta o la pareja ideal te esquiva, no es culpa de la sencilla doctrina del secreto, se debe, desde luego, a la torpeza de los que no saben decretar adecuadamente y por tanto no ponen en marcha la "ley de la atracción" que propone Atkinson, el verdadero padre de *El Secreto.*

La arrogancia y la falta de comprensión dan como resultado la idea de que una persona decreta y el universo debe de responder sumisamente a esa demanda. Y si no responde, es su responsabilidad ya que se debe a que no has decretado bien y no se ha puesto en marcha la ley de atracción.

Me pregunto lo que pensarían de esta doctrina personajes como Sócrates, Patanjali, Buda, Ibn Arabi, Maimónides o San Francisco de Asís por citar algunos ejemplos.

Tal vez toda su fuerza humana, filosófica y espiritual se malgastó porque no habían leído el libro "secreto", no sabían que toda la sabiduría y el conocimiento acumulado durante siglos quedaría como papel mojado ante la gran revelación por fin mostrada al mundo: el secreto del decreto.

O tal vez no. Tal vez sabían que, como dicen los hinduistas, estamos en la era del Kali Yuga, una era que tiene la característica del triunfo del caos y de la ignorancia.

W. W. Atkinson: el padre de *El Secreto*

Los lectores más interesados pueden curiosear sobre la relación entre los contenidos del libro *El Secreto,* de Rhonda Byrne, con el llamado "nuevo pensamiento" y la "ley de atracción" de W.W. Atkinson —muerto en 1932— o más conocido por sus seudónimos de Yogi Ramacharaka (un ficticio maestro hindú), Theron Dumont (un profesor francés experto en magnetismo) o *Magus Incognitus* (un iniciado en las más secretas órdenes iniciáticas occidentales), entre otros que utilizó.

Este curioso personaje, abogado y empresario que pasó del triunfo económico a la ruina para convertirse después en autor de éxito, estuvo detrás tanto de obras famosas como *El Kybalion* como en la creación del llamado "pensamiento positivo" y la "ley de atracción" en los que se inspiró la productora y guionista de televisión Rhonda Byrne para redactar su famosísimo libro *El Secreto.*

Atkinson fue un escritor tremendamente prolífico —como hemos dicho utilizó muchos seudónimos tanto de origen oriental como occidental— y a su pluma e imaginación se deben muchas obras que tuvieron un enorme éxito comercial como *El nuevo pensamiento; Vida después de la muerte; 14 lecciones de filosofía yogi y ocultismo oriental; La ciencia de la curación psíquica;* o *Reencarnación y poder del karma,* por citar solo unas pocas, asimismo fue responsable de la publicación de la revista *El Nuevo pensamiento.*

Pero fue, sobre todo, en su libro *El poder de la atracción* publicado en 1906, en el que se inspiró la guionista televisiva Rhonda Byrne para hacer primero su película-documental "El Secreto" y, poco después, publicar su famoso libro.

A su vez, esta ley de atracción no es más que la reconversión modernizada de la antigua magia simpática. El principio de dicha magia simpática se establece sobre el axioma de que "lo igual atrae a lo igual" y Atkinson, que perteneció a diversas logias esotéricas que la practicaban, se interesó por ella y por el esoterismo en general escribiendo al respecto bajo el seudónimo de *Magus Incognitus*. Sin embargo, la práctica de la magia simpática en estas escuelas esotéricas, requería una ritualización, objetos y utillaje, etc., que hacían complicada su práctica. Atkinson, sin duda un hombre de carácter práctico y emprendedor, decidió simplificar el asunto y formuló su ley de atracción para que cualquier persona *disponiendo solamente de su mente* pudiera practicar la magia simpática. Siendo consciente también de que todo lo relacionado con las escuelas esotéricas y sus prácticas no calaba entre cierto público y que la palabra magia podía tener asociaciones negativas, tuvo el enorme acierto de reformular la idea y acuñar el término de ley de atracción.

En 1908, junto a dos compañeros, igualmente bajo seudónimos —esta vez firmaron como "tres iniciados"— publicaron el famoso *Kybalion* en el que se formulaban algunas ideas similares que, supuestamente, contaban con el aval del hermetismo. Otro de los autores del *Kybalion* fue su amigo Paul Foster Case, fundador de la escuela esotérica de tarot B.O.T.A. y el tercero permaneció en el anonimato pues firmó con la inicial R.

La verdad es que *El Kybalion* de hermetismo no tenía prácticamente nada salvo la famosa sentencia de "como arriba así es abajo", tomada de *La Tabla Esmeraldina,* entendiendo como hermetismo la doctrina sapiencial derivada de los textos del *Corpus Hermeticum.* Sin embargo, tomaron como fuente un texto chino[1], de hecho copiaron literalmente varias sentencias, pero en aquel tiempo a lo que provenía de China no se le concedía en absoluto ningún *pedigree* esotérico, al contrario de la enorme aceptación que tenía todo lo que venía de India o Tibet, así que tal vez por este motivo decidieron no citar la fuente china y adornar su libro vinculándolo al hermetismo.

Ni que decir tiene que la traducción de los textos sapienciales clásicos en aquella época estaba en mantillas; hoy es diferente y disponemos de traducciones completas de la mayoría de estos textos, bien sea del *Corpus Hermeticum,* o de la sabiduría china o hindú. Gracias a ello hoy podemos ver la distancia entre lo que decía Yogi Ramacharaka (uno de los seudónimos preferidos de Atkinson) y lo que dicen los textos clásicos de yoga como *Los yoga sutras de Patanjali* o podemos comparar el supuestamente hermético *Kybalion* con el *Poimandres* del *Corpus Hermeticum.*

---

1. Este libro es *La espada de la vida* y fue publicado en castellano por la editorial EDAF.

Atkinson, bajo el pseudónimo del Yogi Ramacharaka, publicó más de una docena de libros haciéndose pasar por yogui y, uno de ellos, curiosamente, lo llamó *Cristianismo místico*. Atkinson acertó de lleno en los temas por los que el público norteamericano se interesaba más en aquella época y, bajo el seudónimo de Swami Panchadasi, publicó cuatro libros que hoy siguen siendo un gran éxito de ventas: *El aura humana; Clarividencia y poderes ocultos; El mundo astral* y *Telepatía y lectura de la mente,* es decir, los temas principales sobre los poderes ocultos. Es importante recordar que aquella época estaba muy en boga todo lo que se refiriera a los poderes psíquicos y consideró que el aval de un *swami* daría más valor a sus afirmaciones.

Obviamente en sus libros no se decía que Panchadasi o Ramacharaka eran en realidad Atkinson, es decir, el prolífico escritor norteamericano nacido en Baltimore en 1862, por lo que la mayoría de lectores llegaron a creer erróneamente que las afirmaciones que Atkinson vuelca en sus libros formaban parte del acervo cultural y de conocimiento de la India clásica, algo que era falso.

Atkinson no solo fue el precursor de los contenidos de *El Secreto,* sino también de los conceptos y bases de la llamada "curación metafísica" o de doctrinas sobre la muerte hoy en boga dentro del pensamiento nueva era, sin olvidar la influencia que tiene aún *El Kybalion* dentro del ideario popular esotérico. También muchos planteamientos que hoy se ofertan como novedosos en supuestamente avanzados cursos de empresa, tienen como base los postulados que Atkinson ya expuso en su extensa producción literaria en donde se refería a la relación mente–atracción–dinero. En diferentes materias y doctrinas, es mucho lo que le debe el pensamiento nueva era a este incansable emprendedor norteamericano, autor de gran cantidad de libros de enorme éxito cuya influencia ha llegado hasta hoy.

Respecto a *El Secreto,* publicado en 2006, es ejemplar la campaña publicitaria de la productora de la película distribuida en DVD y en *streaming* de "El Secreto" que se estrenó también en 2006 antes del libro como test (no olvidemos que la autora era una especialista en producción y contenidos televisivos). Por si fuera poco, el libro fue protagonista dos veces en el programa de mayor éxito televisivo, el *Oprah Winfrey Show* con el apoyo de su exitosa presentadora; los más curiosos incluso pueden rastrear lo que Oprah dijo sobre el libro cuando se dirigía a su amplia audiencia que, según los datos de las agencias de publicidad, era mayoritariamente femenina y de bajo nivel cultural.

La difusión y el impacto en ventas que alcanzó *El Secreto* después del estreno de la película–documental y de los programas de Oprah fue formidable y, como sabemos, se extendió a otros países de tal modo que ha sido uno de los éxitos editoriales más importantes de los últimos tiempos y el diseño e inversión publicitaria previos a la publicación del libro son hoy un modelo a seguir de *marketing* eficaz.

Antes, la película en DVD que se estrenó como parte previa de la campaña de publicidad del libro tuvo también como fuente de inspiración no solo los libros de Atkinson; lo fue otra obra que logró en 1910 un gran éxito de ventas llamada *La ciencia de hacerse rico* de Wallace Wattles también autor vinculado a la corriente del nuevo pensamiento. Como ven, obras cuyo objetivo principal consiste en que los lectores consigan hacerse millonarios. No olvidemos que estamos en esos años anteriores a la Gran Depresión que ya se anunciaba. La tercera fuente de inspiración fue también el gran *best seller* de Napoleon Hill *Piense y hágase rico* publicado en 1937.

Sobre estos pilares y unos interesantes estudios sobre perfiles psicológicos y sociológicos que manejaban —y manejan— las agencias de publicidad que trabajan especialmente con medios televisivos, se construyó *El Secreto,* tanto la película–documental primero como el libro después. Espectadores y lectores de *El Secreto* básicamente seguían queriendo lo mismo que sus antecesores: hacerse ricos y que les dijeran el secreto de cómo quitarse los problemas de encima fácilmente.

Respecto al resto de los libros mencionados, están publicados en castellano y se vendían en España muy bien entre los años setenta y noventa pero luego fueron olvidados, poco a poco, ante el ímpetu de las nuevas publicaciones ya asociadas a costosas y bien confeccionadas campañas publicitarias. Tal vez ahí resida el secreto. Ya Atkinson tuvo su propio "secreto" que consistió en ocultar su condición de ingenioso y prolífico escritor bajo distintas personalidades ficticias pero todas poseedoras de saberes extraordinarios que supieron despertar el interés de numerosísimos lectores al igual que años después, logró hacer Rhonda Byrne, sin duda, dos escritores que triunfaron masivamente. La venta de secretos, sobre todo para ganar dinero, siempre ha ofrecido pingües beneficios.

La "invasión" de los *chakras*

Vamos a terminar esta obra con el famosísimo tema de los *chakras,* un concepto tomado del tantrismo. Si toda religión tiene sus dogmas, el de los *chakras,* es el gran triunfador en la *new age* de entre todas las propuestas teosóficas.

Dentro del actual sistema de creencias relativo a la constitución invisible del cuerpo humano, prácticamente la única referencia utilizada es la de los *chakras.* Esto se debe a nuestro ya conocido ministro de la iglesia anglicana, teósofo y poseedor de grandes poderes, Leadbeater, que en 1927 publicó un breve libro con el título de *Los Chakras,* otro ejemplo de libro "fabricado". Dado el prestigio que la Sociedad Teosófica iba alcanzando en algunos círculos esotéricos europeos y norteamericanos, el asunto de los *chakras* despertó un enorme interés dentro de estos círculos que rápidamente tomaron el texto de Leadbeater como un motivo de estudio aceptando su contenido sin ningún tipo de discusión. Desde estos círculos llegó más tarde a la nueva era que es la que se encargó de modo entusiasta de convertir este asunto en algo recurrente estimulada por la llegada de sistemas, religiones y prácticas desde Oriente.

Hoy, pasados más de ochenta años desde la aparición de ese libro, la ingente obra publicada posteriormente sobre *chakras* no varía en lo esencial de lo escrito por el religioso inglés. Dejando al margen la polémica biografía del clérigo que, lógicamente, se autoproclamaba como vidente, lo cierto es que la información tradicional en los textos clásicos de la India sobre los *chakras* es muy exigua y confusa.

Hoy sabemos que Leadbeater toma la idea de los siete centros del texto alquímico del siglo XVII llamado *El hombre perfecto: Teosofía práctica* que se lo debemos a Johann Gichtel y que se refiere a la presencia en el cuerpo de los siete planetas. Incluso el nombre de "Teosofía" fue copiado por la ST, ya que este Gitchel, discípulo de Jacob Boehme, era miembro de un movimiento del siglo XVII que se llamaba así y se centraban en el estudio de la alquimia y la teúrgia.

En la literatura tántrica, origen de este concepto, lo más común es la descripción de seis *chakras* y no siete como sostiene Leadbeater. Este añadió a la descripción de sus *chakras* elementos tántricos que tomó de las obras de John Woodroffe. Debemos recordar que el *Satcakra* menciona seis *chakras* y que la muy brevísima mención a los *chakras* que hay en solo dos *Upanishads*[1] menciona una vez cinco *chakras* y otra vez seis.

No podemos olvidar al verdadero divulgador de este concepto, aunque esta vez lo hace dentro de su contexto del tantrismo. Es Arthur Avalon —seudónimo de *Sir* John

---

[1]   La tradición védica menciona 108 textos, pero el canon actual recoge alrededor de 150.

Woodroffe— que en la obra *The serpent power,* afirmó haber traducido del sánscrito dos textos clásicos. Son: *Shat chakra nirupana* donde describe también seis *chakras* y no siete, y el *Paduka kpanchakra.* Sin embargo, entre algunos especialistas existen muchas dudas sobre estos textos fuentes originales que supuestamente tradujo Avalón y son muchos los que afirman que el autor inglés se inventó dichos textos para dar categoría a sus investigaciones sobre el tantra, y que esas descripciones fueron tomadas de informaciones verbales que recopiló. Sea como fuere, lo cierto es que en estos textos de Avalon, anteriores a la publicación del libro de Leadbeater, ya estaba todo lo que el teósofo incluyó en su libro. Estas son sus obras principales sobre tantrismo y sus fechas de publicación: *Introducción al Tantra Sastra* (1913); *Tantra, la gran liberación* (1913); *Shakti y Shakta* (1918); *El poder serpentino* (1919).

En lo que se refiere al budismo, es en el budismo tibetano *vajrayana* donde hay referencias a cinco *chakras*. Sin embargo hay que añadir que en toda la extensa obra védica, incluidos todos los demás *Upanishads,* o en el famoso texto madre del yoga *El yoga sutra de Patanjali* ni tampoco en la abundante literatura budista clásica del *Canon Pali,* están mencionados los *chakras.* Respecto al resto de culturas fuera de la India, si bien algunas plantean también la existencia de una constitución invisible del ser humano, no referencian nada sobre esa estructura de los *chakras.* Leadbeater, posiblemente con el fin de separarse de lo que había escrito Avalon, ajusta sus especulaciones al texto de Gichtel y decide mencionar siete *chakras* dándoles a estos centros funciones y valores desconocidos hasta entonces y dejando al lado los significados tradicionales de los *chakras* que, no lo olvidemos, están muy fijados dentro del particular contexto del tantrismo. Mientras Gichtel sitúa seis centros energéticos girando en torno a uno principal, el sol, ubicado en el plexo solar, con movimientos en órbita, Leadbeate los sitúa en modo vertical con movimiento ascendente, tal y como propone Avalon.

Sin embargo, y esto es básico, Leadbeater afirmaba ver los *chakras* y eso significaba una diferencia abismal respecto a lo escrito por Avalon o Gichtel. Sea como fuere, lo cierto es que, tanto lo escrito por Gichtel y otros alquimistas de su tiempo, como los textos clásicos hinduistas, quedaron prácticamente olvidados debido a la potencia de difusión que adquirieron todas las doctrinas teosóficas de suerte que las elucubraciones sobre este dogma de la neo religión lo ha inundado prácticamente todo. La historia posterior la conocemos: la propuesta de Leadbeater de siete *chakras,* fue adoptada con enorme entusiasmo y difundida por el movimiento *new age* hasta llegar hasta hoy.

No importa que este tema tan recurrente y hoy prácticamente imprescindible en toda la literatura nueva era tenga una base exclusivamente tántrica y, además, nada clara, en cuanto a las fuentes. Si además sabemos que el tantra, bien sea el manejado por el hinduismo, el budismo tibetano o el jainismo, se caracteriza por ser un conjunto de filosofías y prácticas especialmente complejas incluso para avezados especialistass, y que los textos de tantra son especialmente oscuros, se hace extraño entender como un sistema tan poco cimentado haya triunfado. Tal vez sea por la misma razón por la que el tantrismo original, nos llegó a Occidente como neotantrismo y prácticamente vinculado únicamente al sexo.

El hecho de que antes de Leadbeater y, salvo los textos mencionados dentro del contexto tántrico, ninguna otra corriente esotérica ni de Oriente ni de Occidente, haya hecho referencia nunca a los *chakras,* parece resultar relevante. Sin embargo, una somera consulta bibliográfica muestra más de trescientos libros publicados sobre los *chakras* desde el de Leadbeater por lo que simplemente cuestionar este asunto provoca a menudo muchas susceptibilidades, posiblemente porque forma parte fundamental de los cimientos de las creencias de la nueva era y su mero cuestionamiento desata cataclismos doctrinales.

Sea como fuere, lo cierto es que hoy en Occidente todo lo relativo a los *chakras* es prácticamente un dogma que vale para aplicarlo a cualquier cosa. Respecto a su vínculo con la salud resulta al menos curioso que los dos grandes sistemas de medicina de Oriente, la Medicina Tradicional China y el Ayurveda no tengan, en sus orígenes clásicos, referencias a los *chakras,* aunque la MTC tiene a la energía y sus canales como algo fundamental o manejan en profundidad conceptos como *tan tien* o *chi*, lo cierto es que los *chakras* brillan por su ausencia. También lleva a reflexión que tampoco técnicas tradicionales como el *qi jong* o el más moderno *shiatsu,* por poner solo unos ejemplos, mencionan los *chakras,* salvo adaptaciones modernas hechas por la nueva era y sin fundamento tradicional.

Si volvemos la mirada a los grandes maestros y vías espirituales, observamos que tampoco hacen la más mínima alusión a ellos, si bien en el sufismo que también habla de una "anatomía invisible", aparecen los *lataif,* pero son algo muy alejado a lo que proclama la nueva era respecto a los *chakras.* Es por tanto algo absolutamente sorprendente como la repetición exhaustiva de prácticamente la misma información sobre este tema lo ha inundado todo de *chakras.*

Desde la meditación hasta la salud o desde las mancias hasta la autoayuda, nada se ha librado de su correspondiente dosis de *chakras.* Incluso de modo insólito se le han "implantado" los *chakras* a otras culturas, como por ejemplo al antiguo Egipto. Hasta hay perfumes, inciensos, piedras y música de *chakras.* En la nueva era nada ha quedado a salvo de ellos. Pero el hecho sorprendente ha sido el de vincular los *chakras,* en principio de naturaleza energética según los clásicos tántricos, con la espiritualidad. Por eso sin duda lo más relevante sea que a ninguno de los grandes de la espiritualidad universal nunca se les haya oído mencionar nada de *chakras.*

Ni Jesús, ni Buda, ni Mahoma, ni Lao Tse, ni Sankara… tampoco los encontramos en las cumbres de la espiritualidad cristina como san Francisco, san Juan de la Cruz o santa Teresa, ni entre los grandes del sufismo como Ibn Arabí o Rumi, podíamos continuar con iluminados más recientes como Ramana o Nisargadatta por no mencionar a los maestros zen que ignoran este tema al igual que todos los maestros *advaita.* En cuanto a los grandes textos sagrados de la humanidad como el Gita, los Evangelios, los *Sutras,* todo el *Canon pali* budista, el *Corán,* el *Tao Te Ching,* el *Vivekacudamani,* etc., ninguno de ellos han ocupado una sola línea para ni siquiera mencionarlos. Asimismo tampoco están presentes en la Tradición iniciática de Occidente como por ejemplo entre la rosacruz antigua o la masonería, ni tampoco hay ni rastro entre sistemas de profundo conocimiento espiritual y esotérico como la vieja religión egipcia, los cultos místéricos greco–romanos o los movimientos gnósticos. Dentro del ámbito de la medicina energética de Occidente, ni el doctor Bach, fundador de la medicina floral, ni el doctor Hahnemann fundador de la homeopatía, ambas terapias vinculadas a la energía, le dedican ni una línea.

Si volvemos la vista al gran Paracelso tampoco encontramos en su ingente obra nada relacionado con los *chakras,* sin mencionar que en toda la profusa literatura alquímica y esotérica europea aparecen ni siquiera mencionados. ¿Por qué todos estos maestros, sabios, religiones y escuelas esotéricas y filosóficas de distintas culturas y épocas ignoran el tema de los *chakras?* La respuesta está en un libro: *Los Chakras;* un autor que se decía vidente: Leadbeater, y una fecha: 1927, que marca un antes y después. El antes lo acabamos de repasar. El después también lo sabemos: desde entonces la invasión de cientos, si no miles, de libros sobre el dogma y mito preferido de la nueva era: los *chakras.*

Epílogo

Se dice que no hay respuestas correctas si no se formulan las preguntas correctas. Quiero terminar recordando algunas ya formuladas a lo largo del libro.

¿Qué han aportado de valor el enorme volumen de obras y mensajes canalizados? ¿Por qué tienen un nivel tan bajo intelectual, filosófico y espiritual si lo comparamos con lo que ya teníamos en la tradición de las religiónes, la filosofía y el esoterismo? ¿Cómo han podido prosperar afirmaciones y teorías exclusivamente sustentadas en la validación de unos supuestos fenómenos mediúmnicos o poderes psíquicos? Y la más importante, ¿cómo es posible que estas teorías y doctrinas hayan logrado suplantar la sabiduría de siglos de espiritualidad y filosofía?

Estas páginas han querido ser una defensa y reivindicación del patrimonio espiritual y filosófico tradicional que nos pertenecen a todos. Es evidente que hay personas a las que les resulta, y les seguirá resultando válida y suficiente las afirmaciones de los médiums y canalizadores que aceptan como verdades absolutas. Pero no es menos cierto que muchas personas en su búsqueda se fueron dando cuenta de esta impostura y empezaron a interesarse por la verdadera espiritualidad. Mi propósito ha sido ayudarles a ir un poco más rápido en este descubrimiento y que estas páginas puedan servir a alguien para incitarlo a explorar la auténtica espiritualidad y a conocer el verdadero *esóteros.* Para los recién llegados a la búsqueda y que se encuentran con todo el caos de la *new age,* ojalá les sirva para agudizar y poner en alerta su inteligencia crítica.

Quiero poner fin a estas páginas con una anécdota que me fue reveladora. Hace ya muchos años, asistí a una de esas sesiones mediúmnicas. A través de la escritura automática, una canalizadora se comunicaba con extraterrestres. Una vez hecho el contacto, en aquella larga sesión los "hermanos del espacio" nos adoctrinaron con un discurso moral sospechosamente mediocre y nos impartieron unas enseñanzas sobre leyes "cósmicas". Los extraterrestres nos informaron también de que su civilización estaba muy avanzada en ciencia y tecnología y que su evolución espiritual era muy elevada. Entonces propusieron hacer preguntas y una señora que había asistido ya a otras sesiones, les preguntó que por qué en vez de darnos tantos discursos no nos decían cuál era la cura para el cáncer si es que la conocían. Como respuesta y, de modo condescendiente, nos hicieron saber que, naturalmente, conocían la cura del cáncer, pero en vez de dárnosla, volvieron a repetirnos sus discursos morales y sus enseñanzas cósmicas.

A veces viene bien recordar las palabras de Buda:

"La verdad es aquello que produce resultados".